ANOTHER TYPE OF DESIGN

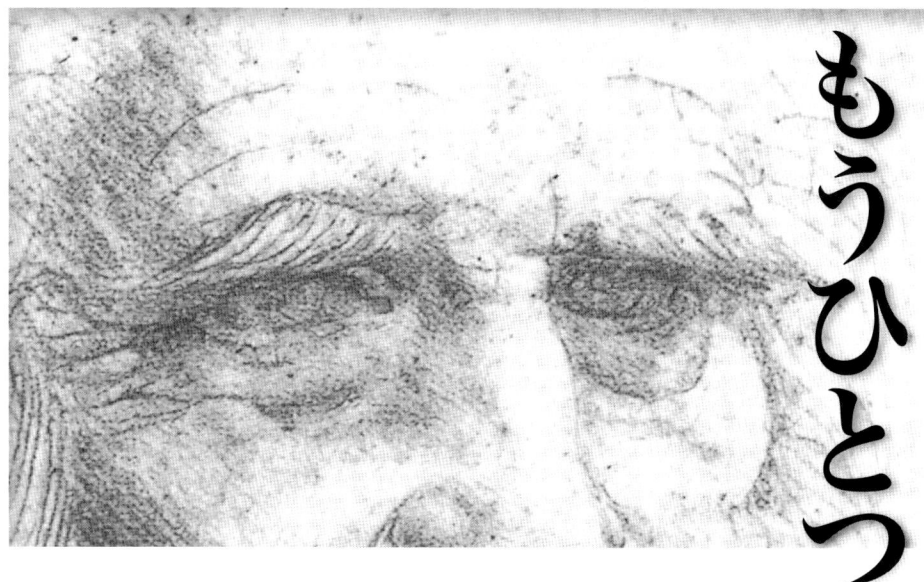

もうひとつのデザイン
その方法論を生命に学ぶ

編著者　松岡 由幸　Yoshiyuki Matsuoka

著　者　河口洋一郎　Yoichiro Kawaguchi
　　　　山中　俊治　Shunji Yamanaka
　　　　吉田　和夫　Kazuo Yoshida
　　　　村上　周三　Shuzo Murakami
　　　　前野　隆司　Takashi Maeno
　　　　門内　輝行　Teruyuki Monnai

共立出版

はじめに

　本書は，21世紀の新たな創造に向けた「もうひとつのデザイン」について論考するものです．

　デザインという創造的行為は，現在，大きくふたつに分かれています．ひとつは，デザイナーが行う「文化」に視座をおくデザイン行為．もうひとつは，設計者やエンジニアが行う「科学」に視座をおくデザイン行為です．このふたつのデザイン行為に関して，最近では，協調デザインや共創の観点から，統合に向けた新たな動きも出てきています．このように，これまでのデザイン行為には，「文化」と「科学」のふたつが重要な視座となっていました．しかし，これらの視座に加えて，新たな創造に向けた「もうひとつのデザイン」では，第3の視座に注目します．その視座とは「生命」です．

　古来より人類は，動物や植物などの生命体をヒントにして，多くの人工物をデザインしてきました．たとえば，空を飛ぶ鳥から飛行機を，花や貝殻から椅子の形を．著者自身も，牛や羊の天然皮革の構造から新たな風合いの人工皮革を開発し，車の内装デザインに応用した経験があります．これらのデザイン行為は，動物や植物などの生命体の形態や構造を模倣してきたものです．これに対して，「もうひとつのデザイン」は，生命体の形態や構造だけではなく，それらの奥に潜み，生命体とその種を発生・維持させる生命システムそのものに学びます．

　20世紀までのデザインは，科学の進歩と相まって，人々の生活を便利にしてきました．しかし，その一方で，深刻化する環境問題，一向に減少しない人為的事故，さらにそれらに伴う被害の大規模化など，多くの負の遺産を置き去りにしたままです．「もうひとつのデザイン」は，21世紀に残されたこれらの諸問題への対応策を，生命システムに学ぼうとするものです．自律性，自己組織化，適応，進化といった様々な生命システムの特徴を総合的に人工物へ取り込むことで，人工物自身が生命体のような冗長性やロバスト性（頑強性）などを

獲得し，そのことが，先の諸問題への解決の糸口になるものと考えているのです．

　本書では，この新たな視座から，未だ多くの問題を抱えている21世紀において，新たな創造に向けた「もうひとつのデザイン」の方法論とその意義を論考します．構成は，第一部と第二部から成ります．第一部の「創造を生命に学ぶ」では，CGアーティストの河口洋一郎氏，デザイナーの山中俊治氏といった，世界的なクリエイターであるご両人にご執筆いただきました．第二部の「方法論を生命に学ぶ」では，システム生命・ロボティクス研究の吉田和夫氏，人間・建築・都市環境デザイン研究の村上周三氏，ロボティクス・アクチュエータ研究の前野隆司氏，建築・デザイン方法論研究の門内輝行氏といった，いずれも各界の名士に，それぞれの領域のお立場からご執筆をいただきました．私も，デザイン理論・方法論の立場から一考を加えさせていただいております．

　本書は，慶應義塾大学21世紀COEプログラム「知能化から生命化へのシステムデザイン」（拠点リーダー：吉田和夫氏），およびその教育プロジェクトとして始動した慶應先端デザインスクールにおける活動の一環として，発刊されました．また，執筆原稿は，「もうひとつのデザイン―生命と創造のために―」をテーマに2004年秋に開催された「日本デザイン学会秋季企画大会：Design Forum 2004 at Keio Univ.」（日本デザイン学会主催，慶應21世紀COEプログラム「知能化から生命化へのシステムデザイン」慶應先端デザインスクール共催）での論議をもとに，各著者が自ら再考され，改めて書き下ろしていただいた論考です．これらの論考を通じて，読者の方々には，新たな「もうひとつのデザイン」の胎動を感じていただければ幸いです．

　本書の表紙には，私の敬愛するダ・ビンチを素材として用いています．ダ・ビンチは，「文化」と「科学」，そして解剖という「生命」の視座をすでに有していたことは周知のとおりです．その意味で，ダ・ビンチは，本書が論考する

「もうひとつのデザイン」を，遙か以前に先導していてくれたのかもしれません．従来のデザインにおける「文化」と「科学」の視座に加えて，もうひとつの「生命」という視座．これらの視座を統合することが，21世紀の新たな創造を実現するうえで，重要な鍵を握るものと考えます．

　最後に，お忙しいなか，玉稿を頂戴いたしました各著者の方々，ならびに多くの貴重なご助言を頂きました共立出版（株）の小山透氏，鵜飼訓子氏に厚く御礼申し上げます．また，本書の執筆に際して，慶應義塾大学の氏家良樹氏と大学院生の佐藤浩一郎君，松岡研究室の学生諸君，電気通信大学の井上全人氏，表紙のデザインを手伝ってくれた松岡慧君と杉山滝三君，そして「もうひとつのデザイン」をともに学び，試行した慶應先端デザインスクールの関係諸氏には，大変お世話になりました．ここに併せて，心より謝意を表します．

2008年5月
松岡 由幸

目次

はじめに（松岡由幸） ———————————————————— i

総論　もうひとつのデザイン，その文脈と胎動 ———————— 1
松岡由幸
- 0.1　デザインが置き去りにした問題 ———————————— 1
- 0.2　ふたつのデザイン，その文脈 ————————————— 2
- 0.3　内的デザインと外的デザイン，その統合 ——————— 6
- 0.4　もうひとつのデザイン，生命化の胎動 ———————— 10
- 0.5　サステナブルな価値成長型デザインへの期待 ———— 13
- 0.6　必要とされるデザイン哲学 ————————————— 15

第一部　創造を生命に学ぶ ———————————————— 17

1章　魅惑的なCG宇宙生命体 ——————————————— 19
河口洋一郎
- 1.1　CGにおける情報の生命化 ——————————————— 19
- 1.2　生命機械体から知能芸術へ —————————————— 19
- 1.3　感覚器を持つ ——————————————————————— 20
- 1.4　進化する —————————————————————————— 20
- 1.5　自己学習する ——————————————————————— 21
- 1.6　自己修復する ——————————————————————— 22
- 1.7　自分自身を知る ————————————————————— 23
- 1.8　メディア空間へ ————————————————————— 26
- 1.9　ジェモーション：情感の芸術 ———————————— 27

2章　ヒューマノイド・デザイン考 ———————————— 33
山中俊治
- 2.1　機能の模倣と形の引用 —————————————————— 33
- 2.2　自然のしくみと機械のしくみの違い ————————— 34
- 2.3　ヒューマノイドは役に立たない ——————————— 36
- 2.4　それでもヒューマノイドが作りたい ————————— 38
- 2.5　三つのロボット・プロジェクト ——————————— 39
- 2.6　ひ弱で愚かで役に立たないもの ——————————— 43

第二部　方法論を生命に学ぶ ……45

3章　システム生命概念に基づくデザイン ……47
吉田和夫

- 3.1　「システム生命」概念への誘い ……47
- 3.2　バロック時代 ……48
- 3.3　科学技術のバロック時代 ……50
- 3.4　システム生命の概念 ……52
- 3.5　環境の情報を埋め込んだデザイン ……56
- 3.6　目的とその評価を埋め込んだデザイン ……60
- 3.7　これからのデザイン ……62

4章　システム生命の導入による生命化建築のデザイン ……65
村上周三

- 4.1　建築と環境負荷 ……65
- 4.2　地球環境時代の建築設計とトレードオフ問題 ……65
- 4.3　居住環境計画の側面からみた生命体 ……66
- 4.4　生命体機能のモデル化としてのシステム生命 ……67
- 4.5　システム生命を用いた居住環境の制御と生命化建築 ……68
- 4.6　システム生命を導入した建物の実践 ……69
- 4.7　橿原町庁舎における環境効率の向上 ……71

5章　生命のボトムアップ的デザイン原理に学ぶロボティクスデザイン ……73
前野隆司

- 5.1　ボトムアップデザインとは ……73
- 5.2　形と運動生成のボトムアップデザイン ……74
- 5.3　運動制御のボトムアップデザイン ……80
- 5.4　心のボトムアップデザイン ……83

6章 意味・生命システムに学ぶ環境親和型デザイン ——— 87
　　　　　　　　　　　　　　　　　　　　　　　　　門内輝行

　6.1　人間と環境との融合をめざす環境親和型デザイン
　　　　——事物のデザインから関係のデザインへ ——— 87
　6.2　環境親和型デザインの構想 ——— 89
　6.3．人間—環境系のセミオーシス ——— 90
　6.4　生命システムと人工システムの融合 ——— 96
　6.5　類似と差異のネットワーク ——— 101
　6.6　ミクロとマクロの相互作用 ——— 107
　6.7　環境親和型デザインのプロセス ——— 111
　6.8　意味・生命とのシステムインテグレーション ——— 112

7章 創発に学ぶデザイン ——— 115
　　　　　　　　　　　　　　　　　　　　　　　　　松岡由幸

　7.1　デザイン科学と創発 ——— 115
　7.2　創発とは ——— 116
　7.3　創発デザイン ——— 123
　7.4　創発デザインシステム ——— 126
　7.5　創発デザインシステムを用いた人工物デザイン
　　　　——慶應先端デザインスクールの創験 ——— 134
　7.6　創発に学ぶデザイン，その展望 ——— 141

おわりに（松岡由幸） ——— 145

著者紹介 ——— 148

総論

もうひとつのデザイン，その文脈と胎動

慶應義塾大学　松岡由幸

0.1 デザインが置き去りにした問題

● 深刻化する環境問題，安全問題

　20世紀までのデザインは，人間社会を本当に豊かにしたといえるだろうか？確かに，これまでのデザインは，科学の進歩と相まって，人々の生活を便利にしてきた．しかし，その反面で，大量生産，大量消費に伴う資源・エネルギー問題，温暖化，酸性雨，砂漠化など，地球的規模の環境問題が深刻化する一方である．また，依然，原子力発電所や鉄道・航空機などの事故が多発しており，一向に減少する傾向が見受けられない．それどころか，それらの人工物が大規模・複雑化に伴い，その被害規模はますます大きくなっているのが実状である．

　従来のデザインは，これらの多くの社会的問題を置き去りにしたまま，21世紀を迎えたといえるだろう．デザインは，今日に至るまで，高度化した科学技術を駆使することで，人類の様々な要求を満たしてきた．しかし，その負の副産物として環境や安全の問題を生み，今日に至っている．そして，特筆すべきことは，これらの問題がすべて，デザイン自身が引き起こした問題であり，その根源が自らの方法論に内在するという点である．しかしながら，デザインは，これらの問題に対して，未だ明確な答えを見出せていない．そのため，自らの方法論を進化させることでこれらの問題に対する答えを見出し，安心・安全な社会をつくることは，今日のデザインが取り組むべき最重要課題であろう．

● 精神的価値，その多様性と時間軸変化

　デザインは，元来，物質的価値のみならず，精神的価値の充足をその使命としていたはずである．しかし，20世紀までのデザインはこのような使命も成就

できないでいる．たとえば，人々は毎日満員の通勤電車に揺られて，まるで当たり前のように我慢を強いられている．これは，決して政治や経済だけが引き起こした問題ではないだろう．通勤に伴う肉体的疲労はもとより，精神的疲労を緩和するデザインが未だできずにいることに，もどかしさを感じているのは私だけであろうか．

さらに，これまでのデザインは，時代の変化にも対応できずにいる．情報技術の発展に伴い，人々は個人の関心事に関する情報を容易に入手できるようになった．そのため，個人の関心事に依存した情報入手と，それに伴う関心事の変動や拡張が次々と繰り返されるようになった．その結果，個人レベルでの嗜好や価値観の多様性が生まれ，しかも，その嗜好や価値観は，情報入手の容易性から，あたかも乱流のごとき急激な時間軸変化を見せるに至った．このことは，人工物が使用される場を的確に想定することをさらに難しくするとともに，デザイン方法論上の新たな課題を生む要因となった．

では，これまでのデザインには，何が欠けていたのか？ そして，これからのデザインには何が求められているのだろうか？ この本質的な課題を探り，新たなデザインの在り方を問うことは，人類にとって急務であろう．

そこで，ここでは，18世紀の産業革命から21世紀の今日に至る人工物デザインの文脈をたどり，今後の新たな人工物デザインの在り方についての考察を行う．

その際，ふたつのデザインに注目する．ひとつは，「科学」に視座をおき，主として設計者やエンジニアが行うエンジニアリングデザイン（工学設計），もうひとつは，「文化」に視座をおき，主としてデザイナーが行うインダストリアルデザイン（工業デザイン）である．現在，デザイン行為は，このふたつのデザインに分業されている．では，なぜ分業が必要であったのか？ この分業に内在する本質的意味は何なのか？ これらの問いに対する答えを探り，そこから，今日的なデザインの課題と，その解決の糸口に関する考察を試みる．

0.2　ふたつのデザイン，その文脈

18世紀の産業革命から21世紀の現代に至るデザインの文脈は，以下のようにまとめることができる（図0.1参照）．

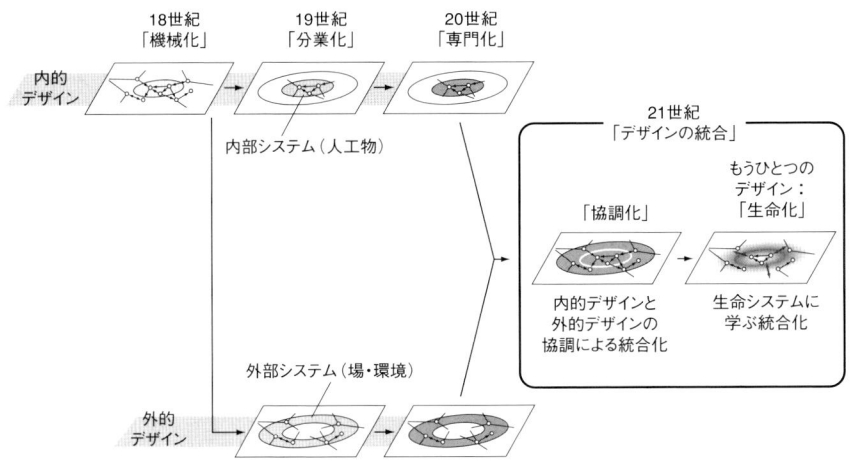

図0.1 デザインの文脈

- 19世紀には，エンジニアリングデザインとインダストリアルデザインへの「分業化」が始まった．
- 20世紀には，エンジニアリングデザインとインダストリアルデザインのふたつのデザインにおいて「専門化」が進んだ．
- 21世紀には，分業化，専門化されたふたつの「デザインの統合」が進みつつある．

これらの文脈について，以降に詳述する．

0.2.1　19世紀：デザインの分業化

19世紀に，デザイン行為は，設計者やエンジニアが行うエンジニアリングデザインと，後のデザイナーが行うインダストリアルデザインのふたつのデザインに分業化されはじめた．

● 美術工芸運動

このような分業化の原因は，18世紀後半の産業革命にある．産業革命は，物づくりにおける機械化を促進した．その結果，大量生産による安価な機械製品が世の中にあふれるようになった．しかし，それらの機械製品はとても美しい

とはいいがたい，文化を感じさせない粗悪なものであった．

この状況を批判する代表的な運動として，ウィリアム・モリスらの美術工芸運動が挙げられる．当時の機械製品を見かねたモリスは，中世の手仕事に立ち返ることで生活と文化や芸術を統一することの重要性を主張し，身の回りの生活に関わる機械製品に意匠を施すことをはじめた．そして，この運動が，後のインダストリアルデザインの誕生へと繋がっていった．これに伴い，デザイン実務は，設計者やエンジニアが機能を中心にデザインするエンジニアリングデザインと，デザイナーが意匠を中心にデザインするインダストリアルデザインという，ふたつのデザインに分業化されはじめたのである．

0.2.2　20世紀：デザインの専門化

19世紀に分業化されたエンジニアリングデザインとインダストリアルデザインのふたつのデザインは，20世紀に独自に進展し，専門化とそれに伴うさらなる細分化を進めていった．

● システム工学の誕生

エンジニアリングデザインに関しては，20世紀中のシステム工学の誕生が，その専門化に大きな影響を与えた．システム工学は，1950年代から60年代にかけて米国を中心に発達していった．特に，軍用や宇宙関連システムをはじめとする大規模な開発プロジェクトにおける設計管理の必要性から開発された最適化手法は，その後のエンジニアリングデザインの方法論に大きな影響を与えた．そして，エンジニアリングデザインは，高性能なコンピュータの開発と相まって発展した計算工学を用いることで，その方法論をさらに専門化させていった．

● バウハウスの創設

一方，インダストリアルデザインに関しては，ドイツの教育機関，バウハウス（1919年-1933年）がその方法と実務を大きく変革したといえるだろう．バウハウスとは，1919年に建築家ヴァルター・グロピウスを創設者として設立された美術学校である．この学校では，抽象画のヴァシリー・カンディンスキーやパウル・クレー，色彩論のヨハネス・イッテン，建築のミース・ファン・デル・ローエなどといった巨匠たちが教壇に立ち，新たなデザインの研究と教育を精力的に行った．研究面では工業生産技術のデザインへの導入，教育面では

平面や立体の構成に関する造形教育など，後のデザイン実務，方法，教育に多大な影響を残し，インダストリアルデザインの専門性を高める要因となった．

● デザインの領域拡大と細分化

　以上に示したように，エンジニアリングデザインとインダストリアルデザインは，それぞれシステム工学やバウハウスの影響を受け，専門化を進めていった．また，それらのデザイン対象である人工物は，その後，人類の様々な要求を満たすべく，大規模・複雑化し，利用する技術も高度化の一途をたどっていった．これに伴い，ふたつのデザインは専門性をさらに高めるのみならず，各専門領域を拡大していった．その結果，ふたつのデザインはさらに細分化されることになる．たとえば，エンジニアリングデザインにおいては，電子設計や機械設計といった専門領域ごとのデザイン，インダストリアルデザインにおいては，車の内装デザインと外装デザインなどの人工物の部位・部品ごとのデザインといった具合である．

● デザイン間の協調の難しさ

　このようなさらなる専門化と細分化は，各デザイン間に共通となる基盤や土壌がないことに伴う，新たな問題を引き起こした．相互のデザイン目標や価値情報などを的確に共有できなくなり，協調的にデザインを進めることの難しさを招いている．特に，エンジニアリングデザインとインダストリアルデアインの両デザイン間において，協調の難しさが指摘されている．そして，このことは，両デザインの協調により生まれるデザイン全体としての総合力の低下につながり，先に示した環境や安全の問題，精神的価値の充足など，20世紀のデザインが置き去りにした様々な問題を解決するうえで，足を引っ張る要因となっている．

　20世紀におけるデザインはこのような課題を残したまま，21世紀を迎えることになる．

0.2.3　21世紀：デザインの統合

　20世紀までに，デザインはふたつに分業化され，それぞれが専門化を推し進めた．しかし，その副作用として，分業化・専門化された両デザイン間における，デザイン情報の共有化や協調性を図ることの難しさという新たな課題が生まれることとなった．21世紀においては，この課題に対応すべく，ふたつのデ

ザインにおける統合の必要性が唱えられている．この統合により，両デザインが一丸となって，環境問題や安全問題など，現在直面している多くの問題に立ち向かうことが望まれている．

● デザインの統合とその兆し

デザインの統合とは，分業化・専門化された各デザイン間におけるデザイン情報の共有や協調を確実なものにすることである．そのためには，各デザインを包含するデザイン科学の枠組みを構築し，共通の基盤となる知識体系を確立する必要がある．

現在，エンジニアリングデザインとインダストリアルデアインを含めたすべてのデザインを統合するデザイン科学の枠組みの議論が行われている．この統合の動向としては，すでに，デザイン系，機械系，建築系，情報系の学会共催による，共通のデザインに関する合同シンポジウムの開催など，国内外で幾つかの活動が進められており，新たなデザインの展開を見せはじめている．

0.3 内的デザインと外的デザイン，その統合

これまでに，19世紀以降のデザインの文脈を示してきた．19世紀には，設計者やエンジニアが行うエンジニアリングデザインと，後のデザイナーが行うインダストリアルデザインのふたつのデザインに分業化されはじめた．20世紀には，このふたつのデザインが専門化を進め，その結果，両デザイン間の協調の難しさという問題が浮き彫りになった．21世紀には，その協調を獲得するためにデザインの統合の必要性が唱えられ，その取組みが進められている．

では，これらの文脈には，どのような意味が内在するのか？　また，分業化されたふたつのデザインの本質は何なのか？　これらの問いに対する答えを探ることで，今日的なデザインの課題に対する解決の糸口を考察する．

● 内的デザインと外的デザイン

エンジニアリングデザインでは，「科学」に視座をおき，物理学，機械工学，電子工学などの知識を用いる．デザインの対象としては，主に人工物そのものの内部システムであり，人工物の構造や形態である内部システムをデザインすることで，その機能や性能を具現化していく傾向がある．このように，エンジ

ニアリングデザインは，人工物の内部システムを中心にデザインするという意味から，人工物の「内的デザイン」と呼ぶことができる．

その一方，デザイナーによるインダストリアルデザインは，「文化」に視座をおき，機械製品のような人工物の意匠や基本形態などをデザインする．このデザインの主な特徴は，デザインされる人工物とそれを使用する人や使用される環境などの外部システムとの関係性に注目する点である．このように，インダストリアルデザインは，人工物とその外部システムとの関係性を主なデザイン対象としていることから，人工物の「外的デザイン」と呼ぶことができる．

以上のように，19世紀におけるデザインの分業化の本質は，デザインが内的デザインと外的デザインのふたつのデザインに分業化されはじめたことを意味している．つまり，デザインの対象であるシステムを，デザインされる人工物の内部システムとその外部システムに区分し，両システムをそれぞれ分担してデザインすることが，分業化の本質的意味であるといえる．

すなわち，デザインの統合とは，内的デザインと外的デザインの協調に基づき，内部システムと外部システムを統合的にデザインすることを意味する．では，内的デザインと外的デザインの統合にはどのような意義があるのか？この点について，以降に述べていく．

● 統合の意義

元来，人工物の機能は，その人工物そのものの特性とそれが使用される場の組み合わせで決定される．椅子の座り心地を例に取ると，どのようなクッション性を有する椅子に，どんな体格の人間が，どういう着座姿勢で座るかにより，その座り心地が決定される．ここで，椅子のクッション性のような人工物そのものの特性は内部システムである．一方，着座する人間の体格や姿勢のような人工物が使用される場は外部システムである．そのため，人工物の機能を的確にデザインするためには，内部システムと外部システムを適合させる必要がある．言い換えれば，人工物の特性を造りこむ内的デザインとそれが使用される場を考える外的デザインを統合的に行うことが重要となる．

先述したように，20世紀までは，設計者やエンジニアが人工物の構造や内部システムのデザインを行い，内的デザインにおける主な役割を担ってきた．一方，外的デザインは，どちらかといえば，デザイナーがその役割を担う傾向にあっただろう．たしかに，設計者やエンジニアも，社会，経済，あるいは人間工学の立場から人工物が使われる場を考慮してデザインを行ってきた．また，

デザイナーと設計者・エンジニアの役割に関していえば，デザイン対象である人工物やそれを開発する企業により，双方の役割に差異があることも事実である．しかしながら，これまでのデザイナーと設計者・エンジニアの相対的な関係からいえば，人工物に対する精神的価値や使用される場などを議論する外的デザインにおいては，デザイナーが主にその役割を担っており，その一方，ねらいとする価値を満足するための具体的な機能や構造を決定する内的デザインは，設計者やエンジニアが担当してきた．

このように，内的デザインと外的デザインの両者は，お互いに役割を分担しつつ，これまで分業化されてきた．しかし，両デザインは専門化を進めることで，双方間のデザイン情報の共有や協調を難しくさせ，結果として，現状ではデザイン全体としての総合力の低下を招いている．

今後のデザインにおいては，この問題を克服するためにも，専門化された内的デザインと外的デザインの統合を推進する必要があり，両デザインの統合に基づいて，これまでのデザインが置き去りにした様々な課題に一丸となって取組むことが望まれる．

● 「造る」と「使う」の統合

内的デザインと外的デザインの統合に際して，いくつかの視点が考えられる．

たとえば，「造る」と「使う」の統合が考えられる．内的デザインの主な対象は，人工物の特性である．一方，外的デザインの主な対象は，その人工物を使用する場である．このため，両デザインの統合において，人工物の特性を「造る」ことと，その人工物を「使う」場を適合させることは肝要である．つまり，「造る」ことと「使う」ことは，両デザインを統合するうえで充分に検討されるべき課題である．

しかし，これまでのデザインは，やや「造る」ことに主眼を置き過ぎてきたのではないだろうか．このことは，これまでのデザインが置き去りにした環境や安全などの問題における共通の要因になり得ると考える．

ここでは，環境問題に注目する．これまでの排気ガス対策においては，自動車の軽量化やエンジン改良など，自動車を「造る」ことに依存し過ぎた傾向が認められる．自動車のアクセルペダルなどの操作の仕方が排気ガスの量に大きく関与することはもちろんだが，それに加えて，走行環境の大気汚染状況により，同一量の排気ガスでも，その影響に大きな差があることが知られている．このことは，自動車を「使う」ことの工夫において，未だ多くの改善の余地が

残されていることを示している．さらに，「造る」と「使う」の改善を独立に進めるのではなく，両者の組み合わせにより，さらなる大きな改善効果がでてくる可能性も示唆している．

環境問題は，今や，「造る」だけの改善では限界がきているといわれている．これからの環境問題対策には，「造る」ためのデザインと「使う」ためのデザインを統合した総力戦で挑む必要があるのではないだろうか．この視点に立った環境対策においても，内的デザインと外的デザインの統合は有効な方策として期待される．

● 「物」と「心」の統合

内的デザインと外的デザインの統合には，「物」と「心」の統合も考えられる．内部システムである「物」の特性と，外部システムである使用者の「心」との関係は，精神的価値の充足が唱えられている現代において，重要な研究課題となっている．近年の認知科学や感性科学の研究領域が活性化しているのも，この背景がひとつの要因になっているのであろう．

17世紀におけるデカルトの物心二元論（心身二元論）以降，物理世界と心理世界は区別して考えられるようになった．これに伴い，物理現象のモデルと心理現象のモデルは相いれないモデルとして構築され，それぞれが独立に科学の知見として利用されてきた．

しかし，「物」と「心」の内・外システムを組み合わせ問題としてデザインするためには，これまで区別されてきた物理モデルと心理モデルを統合して，デザインを進める必要がある．元来，デザインという行為の本質は，価値や意味といった心理世界を，状態や属性といった物理世界へ写像する行為である．これからのデザインは，物心統合モデルを有効に活用し，「物」と「心」をいかに統合するかが，精神的価値の充足という社会問題を解決するうえで，重要な鍵となるだろう．この両者の統合が，真に物質的のみならず精神的にも豊かなデザインを行ううえで重要であり，そのためにも，内的デザインと外的デザインの統合が不可欠であると考える．

内的デザインと外的デザインは，元来，デザイン上の補完関係にある．その意味で，両者の統合は必然である．多様な使用環境や使われ方である外部システムを確実に想定し，それらに対してロバスト（頑強）な内部システムをデザインすることは，様々な課題を解決するうえで基本的かつ重要な統合の方法で

ある．このような統合の方法に基づき，環境問題も，安全問題も，そして精神的価値の充足においても，外部システム（場・環境）と内部システム（人工物）を組合せ最適化問題として扱うことが，有効な対応策となるのである．

0.4　もうひとつのデザイン，生命化の胎動

　20世紀までのデザインは，人工物の大規模・複雑化と利用する科学技術の高度化に伴い，ふたつのデザインに分業化され，それぞれが専門化を推し進めてきた．このふたつのデザインとは，「科学」に視座をおくエンジニアリングデザインと，「文化」に視座をおくインダストリアルデザインであった．そして，両デザインの本質は，内的デザインと外的デザインであることを考察した．

　そして，21世紀には，両デザインの統合が始まりつつあることを説明した．この統合とは，両デザインの「協調化」による統合である．

　ところが，この統合には，「もうひとつのデザイン」が存在した．それは，デザインの「生命化」である．これは，デザインの方法論を生命化させることで，内的デザインと外的デザインの統合を図ろうとするものである．

　以降に，デザインの生命化について詳述する．

● デザインの生命化とは

　古来より，人類は，動物や植物などの生命体をヒントにして，多くの人工物をデザインしてきた．空飛ぶ鳥から飛行機の形をデザインし，花や貝殻から椅子の形を連想した．しかし，ここでいうデザインの生命化は，そのような生命体の形や構造を模倣するだけのデザインとは異なる．むしろ，生命体の形や構造の奥に内在し，生命体とその生や種を発生・維持させる生命システムそのものに学ぼうとするものである．

　生命体の内部システムには，多目的で，多入力・多出力なシステムが階層的に埋め込まれている．しかも，そのシステムは，冗長性，非線形性，非定常性といった特徴を具備しており，これらの特徴は，場・環境や人間を含む外部システムと一体化した複合処理を可能とする．このため，生命体は，外部システムの多様性や時間軸変化に対して，高い適応性を有するとともに，耐故障性（自己修復性）や拡張性などを獲得している．このような，従来の人工物には見られない，内部システムと外部システムの統合におけるもうひとつの在り方

を学び，その知恵を人工物とそのデザインのための方法論に埋め込むことを，デザインの生命化という．

● **生命化の意義と胎動**

先に示したデザインの統合は，エンジニアリングデザインに代表される内的デザインとインダストリアルデザインに代表される外的デザイン，この両デザイン間における協調により推進される．この従来型の統合の場合，まず，外的デザインにおいては，使用される場や環境といった外部システムをあらかじめ可能な限り想定する．次に，内的デザインにおいて，外的デザインでの想定に基づいて内部システムを最適化する．この一連の方法を基本とすることで，様々な問題に対応する立場をとっている．

しかし，この方法だけでは，これまでにデザインが置き去りにしてきた環境問題や安全問題はもとより，今後顕著になるであろう様々なデザインを取り巻く問題には，充分な対応ができないことが想定される．

従来，デザインを取り巻く問題としては，内部システム（人工物）の大規模・複雑化，外部システム（場・環境）の多様化やその急激な時間軸変化などが指摘されていた．そして，21世紀には，これらのデザインを取り巻く問題はますます顕著になるといわれている．特に，外部システムの多様化や時間軸変化は，あらかじめ想定することが難しい．そのため，これらの問題に的確に対応するためには，新たな方法が必要とされており，生命化を視点とした多くの研究が始まっている．デザインの生命化は，すでにその胎動を見せはじめているのである．

デザインの生命化は，このような諸問題に対応する新たなデザインの方法論として期待されている．従来型の内的デザインと外的デザインの協調による統合とは異なる，生命システムに学ぶ新たな統合により，多様性や時間軸変化を含むデザインを取り巻く様々な問題に対しても，適応性を確保しようとするものである．特に，人工物の大規模・複雑化に伴う多レベルへの対応，多様な場や想定外の場への対応については期するところが大である．以降には，それらへの対応について，その背景と視点を含めて概説する．

0.4.1 多レベルに対応する

21世紀には，宇宙ステーションや地球的規模の情報システムなど，大規模・複雑なシステムを有する人工物のデザインが増加していく．

本来，"Simple is Best."という言葉が象徴するように，デザイン対象は，必ずしも大規模・複雑なものがいいとは限らない．むしろ，機能や品質の安定的確保，開発費用，修復性，資源・エネルギー問題等々を考えると，小規模・単純なものが望ましい．

しかし，21世紀は，その社会要求から，特定の先端性を有する人工物においては大規模・複雑なデザインが不可欠となっている．しかも，それらのデザインは急増している．そのため，小規模・単純なデザインから大規模・複雑なデザインまでを行う必要性に迫られている．

大規模・複雑なシステムを適切にデザインするためには，生命システムが持っている多レベル（多階層性）に学ぶことが有効であろう．特に高等動物のような生命体は，そのシステムが多レベルなアーキテクチャで構成されており，多様な環境に対して冗長性やロバスト性（頑強性）を持つことで，しぶとく生き延びる仕組みを獲得している．このシステムの特徴を人工物にも応用する生命化は，大規模・複雑なデザインにおいて有効である．そのため，21世紀の大規模・複雑なデザインにおいては，生命システムの多レベルに注目し，従来のユニレベルデザインから多レベルデザインへの変換が必要と考えられている．

0.4.2 多様な場に対応する

21世紀には，人工物が使用される場がより一層多様化する．この場の多様化には，ふたつの理由が存在する．ひとつは，人々の生活環境や嗜好・行動の多様化であり，もうひとつは，企業や市場のグローバリゼーションと相まって，同一の人工物が世界中で使用されるようになってきたことに伴う，使用環境の拡大である．

そのため，21世紀のデザインにおいては，従来のように特定の場（特定場）を想定し，その場に対応するのみならず，多様な場（多様場）に対応する必要性が増してきている．

従来，特定場に対応するデザインでは，最適デザインが用いられてきた．しかし，多様場に対応するデザインにおいては，機能を安定させる，いわゆるロバスト性が大切になってくる．ロバストデザインは，そのようなロバスト性を確保するための有効なデザインの方法であり，現在，様々な方法が論議されている．21世紀のデザインには，従来の最適デザインのみならず，ロバストデザインを適宜用いることが望まれている．

0.4.3 想定外の場に対応する

21世紀には，宇宙のかなたで使用される構造物，深海をさまよう探査機ロボットなど，人が自ら経験しえない非日常の環境で使用される人工物をデザインすることが多くなる．また，場合によっては，何十年，いや何百年もの長期に渡り使用される人工物も増えてくるものと思われる．このような長期間にわたり使用される人工物は，時間による状態変化という非定常性を考慮することが必要である．

このような非日常・非定常のデザインにおいては，想定外の出来事が多く発生する．しかし，従来のデザインでは，想定内の出来事には対応できるものの，想定外の出来事には対応できない．その理由は，従来のデザインが，想定される様々な要因を考慮し，様々な出来事を予測することで行われているためである．つまり，想定外の出来事は"神のみぞ知る"という立場をとっているのである．

従来のデザイン方法では，非日常・非定常のデザインにおいて発生する想定外の出来事には対応できない．近年，新たなデザイン方法として，予測される様々な出来事をシナリオとして設定するシナリオベースド・デザインというデザイン方法が提案された．この方法は，1990年代から情報デザインを中心として，さかんに国際会議などでも論議されてきた．しかし，この方法も文字通り，様々なシナリオを想定する立場をとっており，想定外の出来事には対応できない．

想定外の出来事に対応するためには，従来のデザイン方法とは全く異なる新たなノンシナリオベースド・デザインが必要となる．そして，そのヒントになるのが，冗長性やロバスト性を有する生命システムである．たとえば，自律分散性，自己組織性，免疫性，恒常性などの特徴が挙げられる．これらを複合的かつ的確に多用することで，想定外の出来事に対応する生命システムを人工物に応用することが望まれている．

0.5 サステナブルな価値成長型デザインへの期待

デザインの生命化により，対応が期待される問題は，多種多様にある．しかしながら，その中でも特に期待されているのが，生命システムにおける創発性，

自己組織性，非平衡性などの動的特性を生かした，時間軸変化への対応ではなかろうか．

人工物が使用される場に関して，その時間軸における状態変化を長期的に予測することは難しい．また，そのような状態変化に対応して，継続的に人工物を変化させることも，難しいデザイン問題である．そのため，時間軸変化への対応は，現在の人工物デザインが最も対応をあぐねている問題のひとつであろう．

しかしながら，生命体は，先のような動的特性を有することで，ある程度の範囲内であれば，場の時間軸変化に対応する術を持っている．デザインの生命化には，その術を学ぶことで，時間軸変化への対応を可能にすることが強く望まれている．

さらに，この時間軸変化への対応を積極的に捉えて，新たなデザイン展開へ拡張することも期待されている．それは，生命体の持つ成長システムに学ぶことで，価値成長型の人工物デザインを実現することである（図0.2参照）．

これまでの人工物デザインの多くは，価値減少型のデザインであるといえる．人工物を購入し，その使用を開始した時点において，その価値は最も高いことが一般的であろう．そして，その後，劣化などに伴い，使用年数が増えるにしたがい，その価値は減少の一途を辿っていく．

これに対して，価値成長型のデザインは，時間の経過とともに，価値を成長させようとするものである．生命体の動的な成長システムに学び，時間軸において価値が次第に成長するという，全く新しい人工物デザインのコンセプトである．

生命化は，生命システムにおける動的特性を生かすことで，この新たなデザ

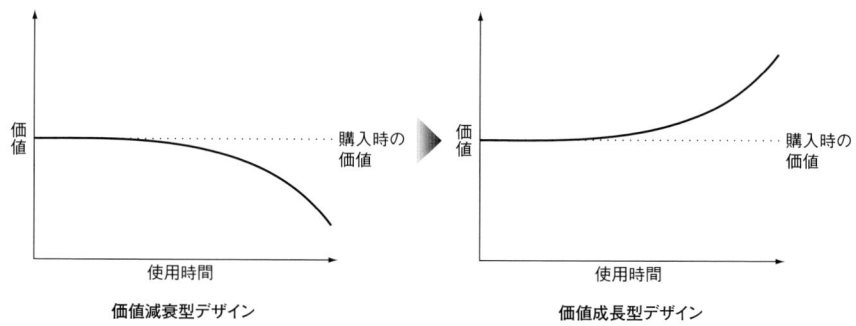

図0.2　新デザインコンセプト:価値成長型デザイン

インコンセプトを実現する可能性を有している．そして，このデザインコンセプトが実現すれば，人工物の長期使用が可能となり，革新的なサステナブル社会をつくることも夢ではない．21世紀におけるこの新たなデザインの展開に向けて，生命化に基づく価値成長型のデザインが実現することを大いに期待したい．

0.6　必要とされるデザイン哲学

　ここまで，前半には，エンジニアリングデザインとインダストリアルデザインというふたつのデザインに注目し，デザインの文脈を述べてきた．そして，そのふたつのデザインの本質は，内的デザインと外的デザインであることを考察し，それらの協調化による統合の必要性を唱えた．

　後半には，内的デザインと外的デザインの統合におけるもうひとつの方法論である，デザインの生命化について解説した．生命システムに学ぶこの方法論は，大規模・複雑化した人工物における多レベルへの対応，多様な場や想定外の場への対応など，様々な可能性を有している．

　冒頭に示したとおり，これまでのデザインは，環境問題，安全問題，精神的価値の充足，市場の多様性とその急激な時間軸変化への対応など，多くの問題を置き去りにしたままとなっている．

　「生命」に視座をおくデザインの生命化は，これらの問題を解決する新たな方法論として期待されている．しかし，「生命」のみに視座をおくだけでは，これらの問題を解決することはできないであろう．従来の「科学」と「文化」に視座をおくふたつのデザインを包含し，総合的な視座に立脚するデザイン哲学を持つことこそが，デザインの生命化を真に有用なものにすると考える．

　ややもすれば，デザインの生命化は，「人間社会にとって無用な，楽観的な技術至上主義の産物を生む」との批判の対象になりかねない．人工物自身に生命システムを埋め込むことで，人工物の自律性が高まることが，その危険性を暗示させているのかもしれない．そのため，デザインの生命化には，その危険性を払拭するに相応しいデザイン哲学が不可欠なのである．

　そのようなデザイン哲学がなければ，先に示した人間社会の精神的価値の充足や地球規模的な環境問題などに対して，有用なデザインは実現できないであろう．デザイン哲学は，デザインの生命化を適正に活用するための重要な「道

標」である．そして，その道標に基づくことで真に豊かな人間社会を築く，「もうひとつのデザイン」が期待される．

第一部

創造を生命に学ぶ

1章
魅惑的なCG宇宙生命体

東京大学　**河口洋一郎**

1.1　CGにおける情報の生命化

　これまでのコンピュータグラフィックスによる芸術制作の観点から，自分の一貫している研究テーマは，コンピュータによって生成された情報の"生命化"である．まず，情報にどのように芸術的「人工生命体」を創出するかについて考える．次に「人工生命体」を中心として，芸術的発想としての「メディア生命体」，そして「ネット生命体」へと連なっていく自己組織化する芸術について述べる．また最近研究している，成長，進化，遺伝する情感の芸術「ジェモーション」（Gemotion）について，その可能性を考える．

1.2　生命機械体から知能芸術へ

　知能芸術は可能なのだろうか．この問いに対する答えを探しながら，コンピュータを使ってしかできないものを生み出す方法を考えてみた．それは，私が長い間研究してきた自己増殖するグロースモデルに，より人間レベルの知能を加味することだとも考えられる．

　知能芸術の手掛かりとして，まず生命体の生成にどのような新しい手法が必要なのかを考えてみた．この新しい世界は，自由奔放にオブジェが発生，成長，進化する世界でもある．またコンピュータによって生み出された知能オブジェを，人間とコミュニケーションし会話する心を持たせるためには，思考する高度な生命機械として考え直してみることもできる．知能を内在させることによって，思考する高度な生命機械は自分自身で高度に発達していくだろう．このような思考する高度な生命機械体のことを人工生命体として考え，それがどの

ようなものであるのかを探ってみたい．

1.3 感覚器を持つ

　新しい心を持った新種生物である人工生命体は，人間とコミュニケーションしながら人間に強力なインパクトを与えることも考えられる．人間の情感を理解しながら，自分自身の自己複製を始め，ネット上の新種生命体の共同コミュニティを形成するかもしれない．そこでは新種生命体どうしの共通言語が生み出され，きっとお互いのコミュニケーションが始まるだろう．生物が本来持っていた自己複製の法則は，そのままコンピュータによって生み出される知能生命の世界にもあてはまるのである．

　また，コンピュータ情報空間と平行して，ネットを介した仮想ロボティックスによる造形研究も進むだろう．そうなると人工生命体は，視覚，聴覚，触覚，嗅覚，味覚，さらにそれ以上の超感覚を人間のかわりに察知してくれる新しいオブジェにもなりうる．そしてこの知能オブジェは，外界の刺激に対するセンサー，感覚器を持ち，身体が反応して自ら行動を起こすだろう．そうなれば，人工の生命体にとって，それ自身の生命を維持するために自己複製がますます重要になってくる．そのことが，結果として人工生命体のコミュニケーション手法をも高度化していくことになるだろう．

1.4 進化する

　知能生命は，生成された作品が形態的にも色彩的にもさらに質感的にも，知能生命の原理・法則から発想されていることが必要だ．それは運動の生成にまであてはまる．徹底的に，思考のプロセスを論理化し数理に置き換えるところから，人工生命体の進化が始まることになる．

　人工生命体を進化させるには，コンピュータによる知能生物をいくつも生み出されなければならないだろう．また集団としての重要な個体数も考える必要がある．個体数が多くなると知能造形もおもしろくなってくる．それは人工の知能を論理的に活性化するためにも必要なことだ．さらに，それ自身が学習し成長していくプロセスに加えて突然変異の確率も必要だろう．そこから知能の

増幅・高度化が起きるかもしれないからだ．

　人工の知能モデルを研究するためには，仮想の時空間モデルを作っていくことも有効な方法である．その時空間の中に生息する個体数は，時間の経過の中でどう増減させるのか．学習し進化するためには，個体数は増やしたほうがよいだろう．なぜなら少数の個体だと，生命の維持ができずに絶滅するからである．しかし私は絶滅も造形的にはおもしろいと考えている．

　また，自然界に生息する生物をシミュレートするような知覚器を持った知能オブジェを多種類作らなければならないだろう．それは基本的に生物は単体だけでは何も起こらないからだ．人間の側から一方的に与えた知能だけで単純に決められた反応をするだけでは，ただの自動機械ロボットになってしまうので，人工生命体は自律的に外界の刺激に対してそれぞれの種類が反応し集団的に行動をするようにしたほうがいいだろう．そうすると，それ自身が集団的に相互の発想をし，繰り返しの再帰学習の中から進化の方向を見出していき，進化の方向を誤った集団は絶滅することになるからである．

　ここで考えている知覚器には，原始的な人間の五感に類するものがあるとしよう．そして原始の海から生物が発生し，原生動物から両生類，爬虫類，哺乳類へと進化していったように，進化の道筋をたどってみるとおもしろいかもしれない．なぜなら感覚受容器のしくみの変遷は，自然界にいる多種類の生物の進化に学ぶことが多いからである．人工生命体の感覚受容器を視覚認識や音声認識，温度や臭いに反応する知覚機械として考えると，もっとおもしろいだろう．

1.5　自己学習する

　人工生命体が反応し思考するうえで重要なのは，柔軟な知覚学習だ．外界の刺激に対する認知モデルを内包し，それに対する知覚反応を，繰り返しの学習を通して理解させることが重要である．知能と学習には，切っても切れないほど重要な関係がある．環境に適応して自律的にコミュニケーション機能を発達させていく自己学習は，人工生命体自身の成長，進化を考えるうえで重要である．自己学習とは人間にあてはめれば繰り返し繰り返しの反復学習だ．どのようなことでも，徹底的に頭の中に暗記するまでに反復すれば忘れにくくなる．

　しかし，人工生命体を操るコンピュータは記憶という点においては，ある一面で，生物よりも優れている．というよりもコンピュータは忘れることがない．

コンピュータの記憶メモリーは，それだけ単純なのである．人工生命体にとって単純な記憶メモリーというのは，無味乾燥でおもしろくない．生き物らしいものにするためにはコンピュータに記憶率あるいは忘却率を設定する必要があるだろう．そのようにすることで人工生命体それぞれに異なったくせを持たせることができ，おもしろくなる．

現実に人工生命体が自分自身で周りを観察し発見しながら学習していくには，コンピュータで生成された画像空間の中に設定した数々のオブジェ群との反応を関係づける数理的関係が必要である．自己学習するたびに，視覚センサー，聴覚センサー，触覚センサー，さらに温覚，味覚などのセンサーの論理回路が活性化することによって，数理的思考の知的増幅が行われるのである．五感の刺激をもとにした生命機械体としての人工生命体は，自己学習による超アルゴリズミックな思考を通して知能生命をますます豊かにしていくのである．

1.6 自己修復する

人工生命体を最初から万能につくることは容易なことではない．人工の生命空間を行動する人工生命体は，ある時には何か予期しない事故に遭遇し，ひょっとしたら生命体の一部，あるいは全体の相当の部分の機能を失うことがあるだろう．このとき，人工生命体は自分自身で自分の身体の壊れた部分を修復できるのだろうか？　人工生命体の自己修復プログラムはどこまで自分自身を回復させることができるだろうか？　人工生命体の形が自己増殖アルゴリズムによって生成されているとき，その損失部分を探し，そこから再び自己成長させることができれば，おもしろい自己修復が期待できるだろう．

人間が設計しただけの単純な機械体の場合は，故障した時には人間による修理が必要である．しかし，致命的な損傷は修復不可能だ．全体の構造が部分と密接な関係にあるほど，自己修復は困難になる．綿密に設計された人工生命体の頭脳部分ほど，失われた場合の損失は大きくなるだろう．事前のバックアップがなければ最初からやり直さなければならないことになる．損傷した箇所を発見するには，人工生命体全身に張り巡らされたネットがその役割を果たすことになる．ネットにも，局所的な通信網から，身体全体を縦横無尽にコミュニケートする広域のネットまでが考えられる．生命体の各部位がある損傷を受けた場合，放っておいてもそれ自身の自己修復が行えれば，本物の生命体に少し

図1.1　センサーを持った　　　図1.2　クラゲ型の感覚器を持つ進化生物
　　　　クラゲ型人工生命の造形

ずつ近づいていくかもしれない．ネット機構の先端は敏感なセンサー機能を必要とする．痛みや心地よさを触覚として感受し，頭脳の中枢司令部に伝えることでその後の対処の仕方を決めていく．

　しかし，自らの周辺環境に対する誤認識をすれば，人工生命体は損失をこうむる．たとえば，障害物を認識できずにぶつかったりしたときに，自分自身の身体に大きな打撃を受けることになる．こうした事故から逃れるためには，事前に自分に対する危険を察知し，そこから回避する能力を身につけさせることも必要だ．不慮の事故からの衝突回避プログラムを作動させなければならない．

1.7　自分自身を知る

　人工生命体は自分自身をよく理解できるのだろうか？　人工生命体が人間の五感にあたるものをセンサー機能として身につけていたとしても，それだけで

図1.3　歩行能力を持った人工生物

図1.4　多層構造を有する4次元人工蝶

図1.6　五感を知覚するエギーボーイの情感的表情

図1.5　エギーボーイの情感的表情

本当に十分に理解をすることができるのだろうか？　人間でも，自分を理解しようとして，自分自身の身体の各部位の構造と機能を熟知してみても，よくわからないところがあるはずである．

　人工生命体は，視覚や聴覚に関しては，自分自身が正確に自分の視聴覚機能を計測することで，その能力を測定できるはずだ．また触覚や味覚も，それぞれ同じように分析することで解決できるだろう．しかし，自分自身をよく知るということは，本当にあらゆる自分の感覚機能を知り尽くすことなのだろうか？　自分自身の感覚のメカニックスを知り尽くした人工生命体が自分とは何だろう，と自問したとして，その解答は一体どういうものになるのだろうか？　私たち人間も，自分自身の情感についてそれほど知ってはいないような気がする．しかし，やはり人間本来の考えとして，「他人にはわからない自分独自の情感」というものをもっている，と考えがちだ．はたして人工生命体もそんなふうに考えるのだろうか．とても興味深いことである．

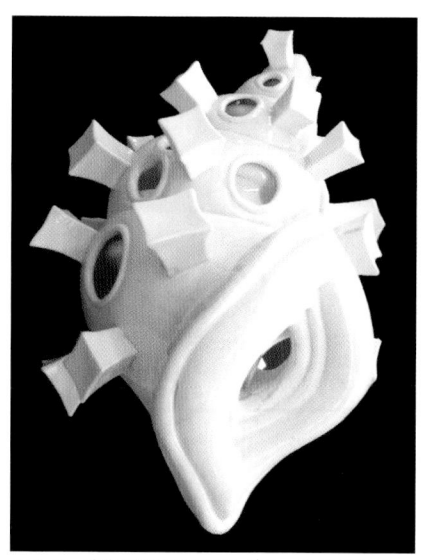

図1.7　内部構造を有するグロースモデルの自己増殖造形

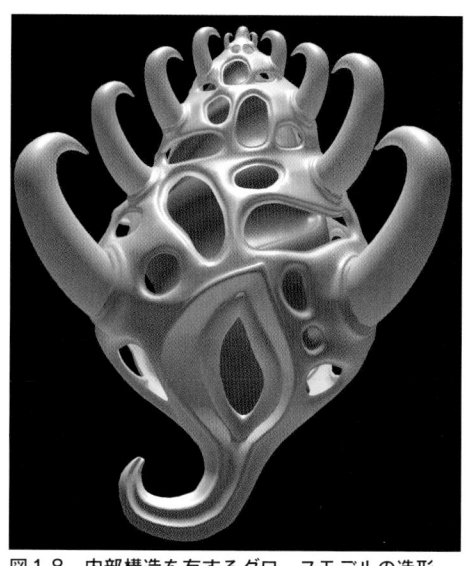

図1.8　内部構造を有するグロースモデルの造形

1.7　自分自身を知る

1.8 メディア空間へ

　太陽系を公転する地球は，何十億年もの年月の過程でさまざまな自然の生命体を生みだしてきた．恐竜の絶滅後に地球上で主役となった哺乳類．その中で突出したのが人類である．

　人類は今やさまざまなメディアテクノロジーを生みだすまでになった．最先端のメディアテクノロジーを用いて新しい知的な芸術的生命体を生みだすことが今の私の主題である．メディア環境は物質環境を超越して，新しい非物質環境を出現させることを可能にしている．この非物質環境の中で人工生命体は生息することができるのである．人工生命体は自然の生命体の生物物理学的原理，法則を内包しつつメディアを生息環境として，自然の生命体の発生成長，老化の物質的環境の限界を超越して，もうひとつの自己増殖する非物質の環境を生みだす，これまでにない生命体なのである．このように非物質環境としてのメディアの中で生きる人工生命体であるから，環境をも含めた意味においてこの生命体のことを，新たにメディア生命体と呼んでみることにしたい．このメデ

図 1.9 内部構造を有するグロースモデルの造形（立体物）（各サイズ 1x1x1m）

ィア生命体は情報空間の中で，これまでの人類の生活環境の限界を超越したもうひとつの非物質環境を創出していくのだ．

1.9 ジェモーション：情感の芸術

　反応するインタラクティブ芸術について考えてみたい．
画像スクリーンが反応するとはどういうことだろう．作品の情感に反応することが可能であろうか．

　立体的に反応する画像スクリーンが新たな芸術としてどのような意味を持つのかをテーマとして考えてみることにする．目で見える，手で触れる，反応する，という私たち人間にとっての根源的な行為を芸術のために転化できないだろうか．私たちが，身振り，手振りで，あるいはもっと他の行為で，作品と対峙しようとするとき，画像が反応することは，芸術の可能性をより豊かにしてくれるかもしれない．

　通常，目の前に見えるのに触れようとしても触れることができない作品を，手で直接触れることを考えてみた．同じく，映像が投影されているスクリーン画面はあくまで平面だと思っているのに，そのスクリーンそのものが突然，作品の高まりに応じて，手前に膨らんだり，後方にへこんだりすることはとてもおもしろいものに思えた．作品にやさしく接すると作品自体が穏やかな呼吸運動の状態でいる．ところが，もし作品に対して激しく攻撃的に接すると，それに応じて作品自身の呼吸

図1.10　自己増殖するグロースモデルの立体造形

運動がリズム的に興奮状態に高まる．高まる度合いはまず視覚的にはどのようにしたら良いのだろうか．穏やかな状態の配色から，激しい興奮状態にいたるまでの色彩変化を，生き物たちの基本的な反応行為に共鳴させて反応する自己色彩の試みから始めた．それが動画像で相互通信可能になると，インタラクティブな画像の反応が直接目の前で確かめられることに連なるからである．重要なことは，作品に触りたいというアイデアを直接目に見える形にまで高めることである．映像スクリーンにさわりたいという願望だけで芸術としての完成度が高まるだろうか？　さらに映像スクリーンそのものが，生き物のように凹凸の動きを起こすことを想定するだけで人は満足できるだろうか？　それを実際に作品の形に表して，具体的にパフォーマンスできるところまでもっていったとき，はじめてその作品との対話がはじまる．観客みんなが実際に作品に接してリアルタイムに反応を確認しながら体験できるところまで形にしなければ，そのおもしろさが実感できない．

　やはり，目の前の映像が視角的に見えるだけでなく，実際に凹凸の膨張，収縮を行うとおもしろい．そのような自己増殖的な映像との接触の場の空間を生

図1.11　歩行能力を有する
　　　　クラゲ型ロボットの造形

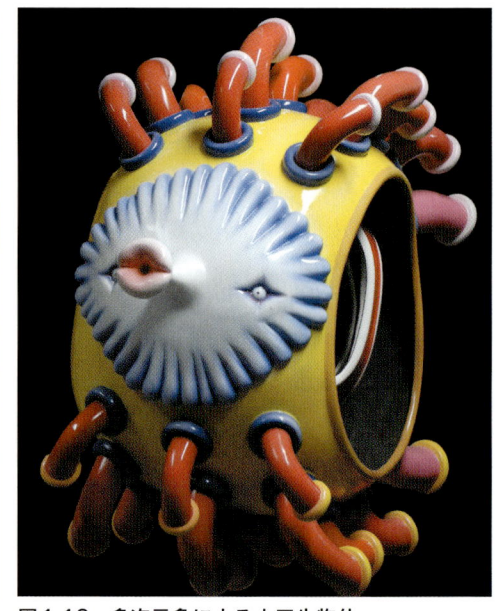

図1.12　多次元魚による人工生物体

成する技術が必要であり，それを高度の芸術にまで高めなければならない．ジェモーション（Gemotion）の考えでは，これまでのグロースモデル映像の成長，進化，遺伝を通して，作品に反応できるようなアイデアと技術そして表現力をどのように融合すれば，人と作品が相互接触できる空間の場が発生するかを確かめるところから始まった．またできる限り，反応のインターフェースは，生き物的なものに近づけていこうと思っている．

これまでの映像作品の常識を覆して，映像が物質化されることで，映像空間と現実空間との境界をブレイクスルーする．そこから作品の脈々と発生する情感を物質化することで，もう一つの新たな創造の場をいきいきと呼吸させることこそが，ジェモーションの始まりなのである．

図1.13　生き物のように反応するジェモーションスクリーン
　　　　於：東京都写真美術館（2000）

図1.14　生き物のように反応するジェモーションスクリーン
　　　　於：東京都写真美術館（2000）

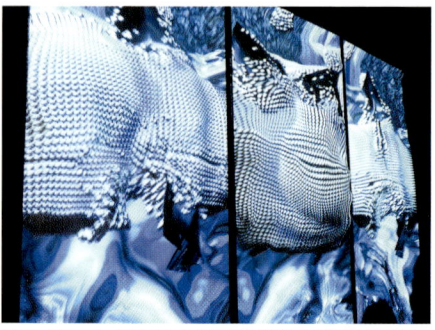

図1.15 生き物のように映像に凸凹反応するジェモーション・ディスプレイ（米国国際学会 SIGGRAPH '06,'07 にて発表）

図1.16 一角魚の血管細胞学的生命体

参考文献

[1] Y.Kawaguchi : *Morphogenesis*, JICC Publishing Inc., 1984
[2] Y.Kawaguchi : *COACERVATER*, NTT Publishing,1994
[3] Y.Kawaguchi : *YOICHIRO KAWAGUCHI*（ggg-books 38）, Trans Art, 1998
[4] Y.Kawaguchi : *LUMINOUS VISIONS*（Video）, Odyssey Productions, 1998
[5] Kawaguchi Yoichiro : A Morphological Study of the Form of Nature, *Proceeding of SIGGRAPH '82*, **16**, 1982
[6] Y.Kawaguchi : The Art of Growth Algorithm with Cells, *Artificial Life V*, pp.159-166, The MIT Press, 1997
[7] Y.Kawaguchi : Self-Organized Objects with the GROWTH Model, *ICAT2000*, pp.10-14, 2000.
[8] 『CG入門』（河口洋一郎監修）, pp.2 - 33, 丸善, 2003
[9] Y. Kawaguchi, The Art of Multi-Dimensional Structured Butterflies, *ASIAGRAPH 2007 in TOKYO PROCEEDINGS*, **1**, p193-200, 2007

This research is partly supported by CREST of JSP（Japan Science and Technology）.

作品の写真はすべて著者撮影による．

図1.17　NEBULAR 2000 反物質が介在する宇宙生成CG図

図1.18　Artifical Life Metropolis:CELL 1993　自己組織化する細胞都市の立体造形と3次元CG

2章

ヒューマノイド・デザイン考

慶應義塾大学　**山中俊治**

2.1 機能の模倣と形の引用

　ロボットは多かれ少なかれ既存の生物に似ている．人にそっくりなものもあれば，昆虫のように見えるものもある．工場でいろいろな製品を自動的に組み立てたりするロボットも，どことなく人の腕に似ていたりする．中には，見た目は全く生物を感じさせないのに，それが動いていると生きているように見えたりすることもある．

　実はこれらのロボットの中には，設計者やデザイナーが意図的に何かの生物に似せようとしたものと，自然から学んで機能を追求した結果生物に似たものが混ざっている．これらは同じことのようだが，実はこのふたつは全く違う．もしこれからロボットをデザインしようとするなら，この区別はとても重要である．

　デザインにおける生物の形の引用はめずらしいことではない．ドアや窓枠に植物のような装飾を施すことは一般的に行われているし，動物の形をモチーフにした生活用品も少なくない．しかし，もっと重要なのは，デザイナーが無意識に行う自然の形の引用だ．特定の生物を意図していなくても，デザイナーの基礎的な造形感覚として，自然はいつも参考にされている．たとえば，なめらかで柔らかい形の携帯電話があったとしよう．それがきれいに見えるための「自然な曲面のつながり」は，おおむね，生物の体に共通するハリのある滑らかさをなぞらえている．デザイナーが意識しなくともその感覚の奥底に，きれいな形の体験として生物の形が蓄積されているのだ．そのような意味では，デザイナーの美意識全体に対して，自然の形が大きな影響を与えている．

　しかし言うまでもなく，このような造形上の引用は，機能的な引用ではない．乗用車のフェンダーが力強く，鍛え上げた筋肉のように見えたとしても，その

下に隠れているサスペンションの構造とは関係がない．ロボットの滑らかな腕も樹脂のカバーを取ると，ギヤやモーターや電子部品が詰まっている．なめらかな皮膚の流れに沿って筋肉が配置されている人の体とは大違いである．

　一方技術者たちは，人や鳥や昆虫などの動きを観察し，関節の構造や動かし方，タイミングや姿勢のコントロールなど様々なことを分析して，それをもとに，歩いたり飛んだり，何かに反応したりする機械を作ってきた．だからロボットが生物に似ていても不思議ではない．

　しかし，生物から学んだ技術が必ずしも生物的なイメージを生み出す訳ではない．わかりやすい例は人工知能だ．フィクションの中では，人工知能と言えば人と対話する巨大な電子頭脳だった．形は人に似ていなくてもキャラクターとして母のようにしゃべったり，「かしこまりました」と言ってみたりする．つまり人工知能研究が進めばそういうキャラクターが生まれるはずだった．実際に人工知能研究の応用として私たちの身近に登場したものはそうした「人格」からはほど遠い．たとえば，キーボードからの入力を助ける予測変換や関連ワード検索など，言葉を扱うソフトウェアの多くは人工知能研究の成果であり，人の思考，認知や学習のしくみを模倣した技術である．しかし，実際に製品化された検索エンジンや，かな漢字変換プロセッサは優秀な道具であって，なんら人間臭さを感じるものではない．もちろん，博士のようなキャラクターが出てきて「君の探している言葉はこれではないかね？」と，親切に語りかける画面を作ることは難しくないが，それは見せかけであり，意図的な擬人化である．

2.2　自然のしくみと機械のしくみの違い

　ロボットは，SF映画やアニメなどのフィクションの世界に登場するキャラクターとして，既に50年以上デザインされてきた．このことが今日のロボットのデザインに深く影響を与えている．私の研究パートナーである古田は「ロボットとはセンサーと動力とコンピュータが組合わさったマシンのことです」と定義するが，こうした幅広い視野の定義と，人々の夢見る「ロボット」との間には大きなギャップがある．フィクションの中で，あまりにも多くの「生物型マシン」が登場してきたので，ロボットと聞けば私たちは機械でできた人や犬を想像する．

　未知の機械の姿を生物に似せて想像をめぐらすことや，機械仕掛けの動物を

考えることは，ロボット以前にも多く見られた．たとえば，ライト兄弟が実際の飛行機を飛ばす以前には，多くの空想画に登場する空を飛ぶ機械のほとんどは「鳥」の姿がそのまま引用された．有名なダ・ビンチの羽ばたき機なども鳥の骨格構造を応用している．しかし，実際に飛行機ができてみるとちがったものになった．指の骨格から進化した鳥の翼は放射状の骨と複雑な関節を持っているが，薄いアルミの板を整形して作られる飛行機の翼は直線的でカゴ状の骨が入っている．筋肉の代わりに巨大な円筒形のエンジン，鳥にはないプロペラや垂直尾翼など，素材，構造，動力の違いは，航空機のデザインと鳥のデザインに様々な相違を生み出した．回転するローターが特徴的なヘリコプターは，形のうえでは，さらに生物から離れたものである．鳥と飛行機，ヘリコプターとタンポポの綿毛など，大まかに見れば似たようなものじゃないかと言う人もいるだろう．基本原理が近いと，自然のものであれ，人工物であれ，大まかな形状が似たものになることも事実だ．しかしここでは，自然のしくみと私たちの技術との違いからくる形の差について，もう少し丁寧に見てみよう．

　乗り物ばかりでなく，私たちの家には扇風機や洗濯機，掃除機などモーターやプロペラを持ったものがたくさんある．テレビ台や事務椅子など車輪のついたものも少なくない．ところが，プロペラや車輪のような回転機構は生物界にはほとんど存在しない．生物は体の中で起こる化学反応でエネルギーを作り出している．この化学反応には溶液としての水が欠かせない．だから私たちの体は水の袋になっていて，体液が流れ出してしまわないよう，隙間なくできている．また，生物の体は「成長」によって形成され，いつも修復されている．そのためには，体内を物質が自由に動き回れるように血管などのつながった構造が重要である．水の袋であり，内部から形成され，いつも液体が動き回る．そういうことができるために私たちの体はどの場所もひとつながりの皮膚におおわれている．肘の関節など回転するように見える構造も実は腱でつながっており，一回転以下の動きしかしないので，その周りの血管や神経もちぎれることがない．自然界の採用した技術である生化学反応，成長と代謝が，生物の体の独特の柔らかい連続構造をもたらしているのである．

　一方，私たちが日常的に利用しているエネルギー源は電気やガソリンである．これらは水を使わない．だから多くの工業製品は乾いた堅い素材でできている．部品は加工によって個別に作られ，組み立てられるので，工業製品にはいろいろな所に継ぎ目や隙間がある．さらに具体的にはモーターやエンジンなどの回転機構で動力を発生させることが多いので，様々なところに回転軸と軸受けの

構造が見られる．加工と組立てによって作られ，回転機構が重要な役割を果たすことが，機械独特の直方体や円柱を基本とした幾何学的な形状をもたらしている．

このように自然界にとって合理的な形と，人が作るものにおいて合理的な形との間には大きな差がある．工業製品が，柔らかい連続的な形としてデザインされていたとしても，今のところはその構造や動作原理を反映していないことが多いのである．

2.3 ヒューマノイドは役に立たない

ヒューマノイドという言葉は「ひとに似たもの」を意味する．ここでいう「似たもの」はあくまでも形のうえでのことのようだ．フィクションの中に登場するロボットのデザインには，おおむね人の美しさが反映されている．アニメーションに登場するロボットのデザインをよく見ると，機械の様式で覆われているものの，ボリュームやプロポーションの取り方は肉体美の引用である．戦闘ロボットには分厚い胸，小さな頭，たくましい肩と大腿，引き締まったウエストなど，鍛え上げられた人間の姿がデフォルメされている．逆に女性型アンドロイドでは，逆にしなやかな女性の理想的なプロポーションがデザインのベースになっている．

しかし，先に述べたように形のうえで人に似せようとすると，自然界と人工物界の技術的な素性の違いによる矛盾があらわになる．生物と同じような筋肉組織を使うのではなく，モーターやエンジンなどを動力とするならば，形のうえだけで創作された筋肉美に工学的な合理性はない．それゆえ，全く実用的な視点からロボティクスを研究する人々は，人間型ロボットにかなり否定的である．確かに，ロボットに仕事や家事を手伝わせようとするなら，人の形は適切ではないように思える．掃除をロボットにやらせるなら掃除機を自動化するべきで，ヒューマノイドに掃除機を使わせるのははばかげているだろう．私たちの技術にふさわしい構造，モーターと金属やプラスチックにふさわしい関節は，筋肉と活性組織のために自然が採用したものとはまったく異なるものになるはずだ．

情報技術の視点で見れば，ロボットはさらに人から遠い存在になりうる．生物は，体内の化学反応を有効に利用するために，自分の体を水の袋として閉じこめた．動物のすばらしく効率のいいエネルギー利用と精密な全身のコントロ

ールは，外界と体内を明快に区別することで実現している．その結果，人は自分の体を意図通りに動かせるが，他人の手を動かすことはできない．どんなに丁寧な指示を出したとしても言葉によるコミュニケーションには限界があり，文字通り自分の手足のように使うことは大変難しい．

　しかし，ロボットはそうではない．現在のロボットが体内のモーターをコントロールしている通信方法は，電波を使えば同じやり方で体外に拡張できる．手足が全く別の所にあっても，目がいろいろな場所に配置されていてもいっこうに差し支えない．ロボットは容易に他のロボットや他の装置とも接続でき，同じ空間にある全ての機器を手足とすることもできる．そのように考えると，身体，あるいは，体内と体外などという言葉をロボットに使うこと自体，意味のないことなのかもしれない．「個体」は自然界の生物特有の概念なのではないか．将来，センサーと動力と頭脳を持ったロボットがたくさん私たちの周りに登場したとき，互いに手足のように連絡を取り合う機械の群れを一体，二体と数えることはできないだろう．

　今のところ，ヒューマノイドが人の形のまま製品化される機能的な可能性があるとすれば，人の話し相手として，である．将来，ロボット化されネットワーク化された環境の中で，私たちはそれを意のままに従わせることができるだろうか．それを考えるのがまさにデザインなのだが，一つのアイデアとして，環境代表として人と話し合うために，人の形のキャラクター（ヒューマノイド）が応対するというシナリオがある．今でも操作が難しいマシンの使い方の説明には CG のキャラクターが登場したりする，その3次元版だ．一見，居心地の良さそうな未来だ．

　ただし，コンピュータなどの現状の工業製品をよく見ると，擬人化された操作系は決して高効率とは言えない．ヘルプ機能としてキャラクターが登場するのも悪くはないが，いちいち言葉で指示するより，簡単な操作で使えるようにうまくデザインされたもののほうが使いやすいような気がする．将来のロボット環境も，パソコンのデスクトップのように，マウスのようなシンプルな装置で自由に操作できる部屋を作るほうが，召使いロボットが出てきて「かしこまりました．○○します」と言うよりも便利かもしれない．

　以上のように考えると，便利さを追求するならヒューマノイドはいらないかもしれないと思えてくる．

2.4 それでもヒューマノイドが作りたい

　ヒューマノイドは役に立たないかもしれないという考え方にはそれなりに説得力がある．にもかかわらず多くの研究者がこれに従事し，新しいものができるたびに人々が熱狂する．今度は逆に，私たちがヒューマノイドを作りたい理由についてもう少し考えてみよう．

　大阪大学の浅田教授は，ヒューマノイドを作ることは人類の月面到達などと同じような技術的挑戦なのだ，と割り切る．確かにアポロの挑戦は素材技術やコンピュータ技術を飛躍的に向上させた．同じように，ヒューマノイドの研究は様々な技術を派生効果として生み出すと考えている研究者は多い．すでに，私たちは人の歩行を再現することによって，動的に姿勢を制御する方法を学んだ．同様に多モーターの協調制御，トルクのリアルタイム制御，画像処理と認知，人とマシンのインタラクションなど，ヒューマノイドの製作を通じて学んだことはどんどん工業製品に応用されている．

　脳の研究者たちも最近はロボットに熱い視線を送っている．人の脳は，科学に残された大きな未知の領域であり，まだまだわからないことが多い．過去において科学者たちは，コンピュータを使って様々な脳の働きを模倣しながら脳の働きを少しずつ解き明かしてきた．しかし，最近の脳の研究者たちは，コンピュータをいくら発展させても，それだけでは人の脳の高度な情報処理に近づくことはできないのではないかと疑い始めている．人の脳ははじめから人体をコントロールし，環境に適応させるための装置として発達してきた．人工知能が脳のような認識力や判断力を持つためには，体と環境が必要なのではないか．そのための体がヒューマノイド・ロボットなのである．

　高名な人工知能の研究者である MIT のロドニー・ブルックスも，そのような視点で人工知能研究のためのプラットフォームとして様々なヒューマノイド・ロボットを製作し，研究を行っている．しかし，彼らの作るヒューマノイドが形としてもあまりに魅力的なので，ただ脳の研究のためだけに作っているようには思えず，会う機会を得たときに「本当のところはどうなんでしょう」と率直に聞いてみた．彼はいたずらっぽく笑いながら「Fun! Fun! That's all! (楽しくて，楽しくて，ただそれだけだよ)」と答えてくれた．

　彼の言葉には科学的好奇心というよりも，もっと根源的な欲求を感じさせる迫力があった．人類は大昔から人の形をしたものを作り続けてきた．偶像，人形，彫刻，マネキン，肖像画，コンピュータ・グラフィクスなど様々な方法で

人の再現を試みている．芸術家たちは，これまでも彫刻や絵画のような静的な世界の中で人の形の美しさを研究し，近代に入ってからは，映像の中でダイナミズムを追求してきた．そして今，私たちは，ようやくなめらかに生き生きと動く偶像を手に入れつつある．生命の反応や動作を模倣する機械を製作することが可能になり，美しい仕草やリアクションも再現できるようになった．こう考えるとヒューマノイドを作ることは芸術のもっとも根源的な願望の実現でもある．ロドニー・ブルックスのいう「楽しさ」が芸術家のことばに近い響きを持つのもうなずける．人が，人に似たものを作るという行為は，科学であると同時に芸術であるという特別な行為なのかもしれない．

2.5 三つのロボット・プロジェクト

以下に私自身が携わっているロボットに関するプロジェクトを紹介する．ここまでの考察はこれらのロボットを作りながら考えたことをまとめたものである．

● Cyclops 睥睨する巨人（図 2.1〜図 2.3）

このヒューマノイドを作るきっかけは，東京大学で見つけた研究用の実験機*である．背骨を持つロボットの基礎研究として作られたその実験体は，人体模型から抜いてきた背骨に，たくさんの人工筋肉が巻き付いたもの．研究の初期のものだったようで，ほこりをかぶって研究室の片隅に置かれていた．かなり不気味な，しかしその妖しい人体と人工物の入り交じった様に魅了された私が，これをベースに作品を作りたいと申し出ると，意図は理解されなかったものの，それを借りて帰ることができた．その実験体を眺めながら製作したのが，Cyclops である．

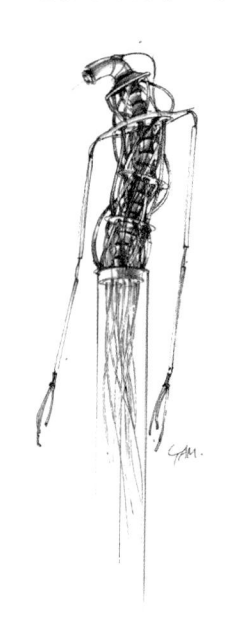

図 2.1

＊東京大学情報システム工学研究室「柔軟な背骨を持つロボット BeBe」

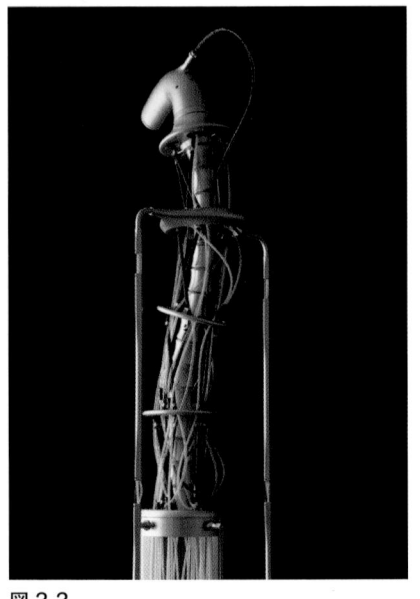

図 2.2　　　　　　　　　図 2.3

　もとの研究が純粋に背骨の機能に関する研究であるのに対し，Cyclops は，背骨が作り出す柔らかい動きによる人と機械の交流がテーマのアート作品である．
　球体関節を重ねた背骨の周りには，空気圧で駆動されるエア・マッスルが約 30 本配置されている．頭部に搭載された CCD カメラの画像を解析して，人のサイズで動くものを抽出し，ゆったりと滑らかな動きで来場者を目で追う．
　人は他人の視線や，姿勢の変化に非常に敏感で，いつもそこから相手の指向を読み取ろうとしているものである．Cyclpos には知能と呼べるようなものはないが，来場者は自分を追いかける視線の動きや柔らかい姿勢の変化に，知性のイリュージョンを見て，身振り手振りで語りかける．

● 小型ヒューマノイド morph3（図 2.4 〜図 2.6）
　科学技術振興機構の北野宏明氏，未来ロボット技術研究センターの古田貴之氏らとの共同研究．人工知能研究のプラットフォームとして開発された身長約 38 センチ，2.4kg の小型ヒューマノイドである．主構造体にはジュラルミンを使用し，30 個のモーターと 138 個のセンサーを内蔵，従来にない高い機動性と広範な可動範囲を実現している．
　古田氏と私はヒューマノイドにおける機能美のあり方を模索しながらこれを

設計した．最初にロボットの重要な構成要素であるモーターを，機能と美的観点からモジュールとして設計するところからスタートしている．センサーとギヤを組み込んだモーターモジュールを機能的で美しい形にまとめ，全身に構造体として繰り返し使用する．人らしく見せるために宇宙服のような殻で全身を覆うのではなく，モーターをむき出しにすることによって，人工物らしい構造美を模索している．プラスチックのシェルは基本的にサテライトCPUの保護カバーであると同時に触覚センサーにもなっている．人に似せることと機能的であることの矛盾に対するデザイン上の挑戦であった．

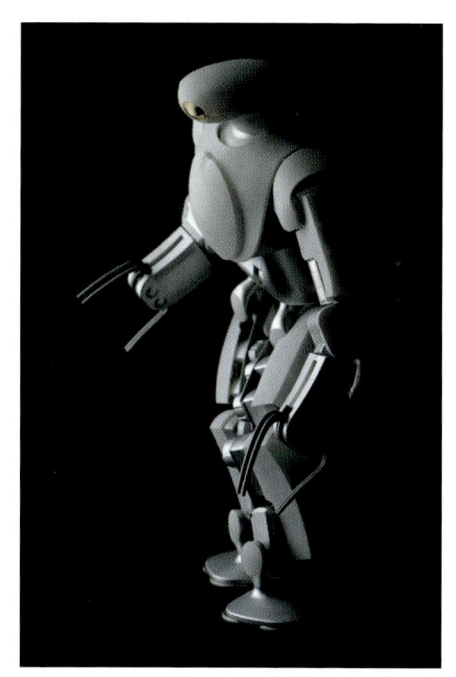

図 2.4

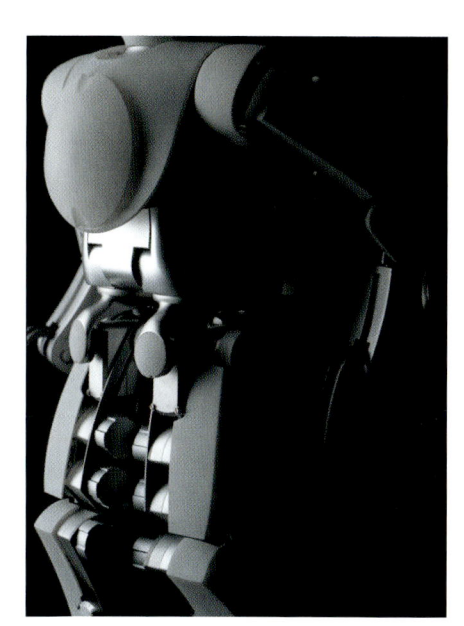

図 2.5

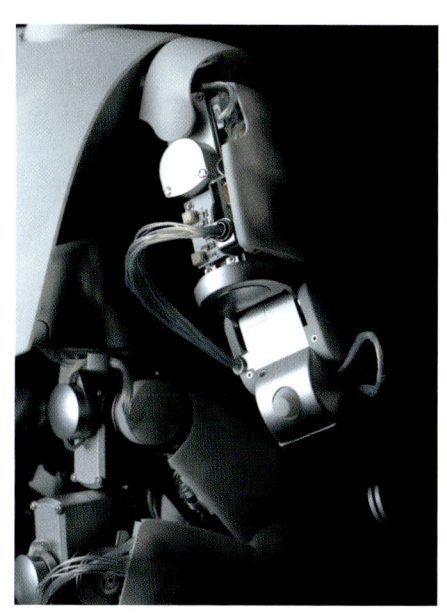

図 2.6

● Hallucigenia 01（図 2.7 〜図 2.9）

　ハルキゲニア・プロジェクトは自動車技術とロボティクスの融合を目指すプロジェクトである．小径のホイールにセンサーとモーターとコンピュータを組み込んで脚モジュールとする．脚モジュールは，それ自体が四つのモーターを持つ自由度の高い小さなロボットである．それらをネットワークでつないで協調動作させることにより，多数のロボットに支えられた一つの乗用車ができあがる．2004 年に 8 輪の 1/5 スケールの実験試作車を製作した．実験車は，その場で回転する，真横や斜めに滑るように動く，歩く，車体を傾けずに段差や坂を上るなどの動きを実現している．

　実用的な目標としては，既存の 4 輪乗用車がうまく機能できなくなってしまった都市内を自由に動き回れる車である．ヨーロッパには慢性的な渋滞や駐車場不足，大気汚染を解消するために都市中心部には乗用車を入れないようにした都市が少なくない．将来この実験車のように，もっと柔軟に空間を利用できるクリーンな電気自動車ができれば，乗用車はもっと身近なものとして私たちの生活空間に戻ってくるのではないだろうか．乗用車は百年以上一つのエンジンで走り続けてきたがロボティクスとの融合によってより柔軟な移動体へと進化しつつある．

図 2.7

図 2.8

図 2.9

この実験車は昆虫に似ているとしばしば言われる．未来がこのようであるかどうかはわからないが，多脚が協調して動くこと自体は昆虫に学んだ技術でもあるので，この車が「虫のよう」であったとしても形だけではない．

2.6　ひ弱で愚かで役に立たないもの

　ヒューマノイド・ロボットが芸術家的衝動で作られていることは前述したが，それにしてもその成果は，今のところ私の作ったものも含めて，繊細で壊れやすく，簡単に転んでしまうひ弱な存在である．あまり賢いとも言えず，なかなか思うとおりに働いてくれない．それどころかほとんど役に立たない．考えてみるとこれらの特性は私たちが一般的に購入する良い商品とは全く逆の特性である．良い工業製品は，壊れにくく使いやすく，便利なもの．近代産業はずっとそういうものをめざしてきた．そういう20世紀的価値から見れば，ヒューマノイド・ロボットは人が購買したり，所有したりするに値しない未完成品である．

　にもかかわらず，多くの人たちが魅了されている．そのひ弱さや愚かさ，無能さを，無性に愛らしく感じてしまう瞬間がある．ここにこそ21世紀的な価値観があると考えるのは考えすぎだろうか．

参考文献

[1] 山中俊治：『フューチャー・スタイル』，アスキー出版，1998
[2] 古田貴之：morph3：全身運動が生成可能な小型ロボットシステム，日本機械学会ロボティクス・メカトロニクス講演会論文集，2003
[3] 山中俊治：ロボットのいる風景，季刊 d/SIGN No.7，p.85，太田出版，2004
[4] 山中俊治：人のかたちの人工物，日本ロボット学会誌，**228**，2004

　写真撮影：清水行雄（図2.2を除く）

第二部

方法論を生命に学ぶ

3章
システム生命概念に基づくデザイン

慶應義塾大学　**吉田和夫**

3.1 「システム生命」概念への誘い

　デザインの歴史は，その様式や技術の世界に閉じこもっていたわけではなく，その時代の文化，芸術，政治，社会，技術と常に密接に関連しながら発展してきたと考えられる．21世紀のデザインのトレンドを考察するためには，これらの歴史的推移を理解する必要がある．ルネッサンスの時代まで遡ると，その時代はヨーロッパの人々が神から解放されようとする時代であった．その後，バロック時代，近代と進むにつれて，そのことが現実化していった．また，産業革命以来，人類は物理的な制約からの新たな解放を味わうこととなった．この解放は技術によって持たらされた．ルネッサンスが近世の原点であるように，特に20世紀に出現した巨大科学と情報技術は，見えざる新世界への大航海をもたらし，これから数世紀の原点となる時代と将来認識されるに違いない．そのような観点からルネッサンス以降に世界が歩んできた歴史を再認識して，21世紀という時代を展望し，デザインの未来について考察してみよう．

　20世紀の技術は高性能化による機能の高度化をはかり，知能化による多機能化へと推移した中で発展してきたが，機能主義的な側面を脱しきれなかったため，機能間のバランスをいかに図るか，機能の前提となる条件が崩れた場合はどのように対処するのか，など様々な問題が生じている．そこで，発想を変え，新たな設計の考え方の基礎となる概念としてシステム生命の概念が提唱されている．これは，人工物と自然のシステムに共通する「システム生命」という概念をもとに，人工物の設計においても，存在目的や環境の原理原則の情報などの設計情報をシステム生命情報としてシステムに埋め込み，未知の環境に対しても適応できるシステムの設計論の構築を目指して考えられたものである．以下では，システム生命の概念と，この概念に基づく知的制御工学，ロボティク

スなどのデザインの例を紹介する．

3.2 バロック時代

　ルネサンスは，13世紀末から15世紀末へかけてイタリアに起こり，次いで全ヨーロッパに波及した芸術上および思想上の革新運動であることはよく知られている．現世の肯定，個性の重視，感性の解放を主眼とするとともに，ギリシア・ローマの古典の復興を契機として，単に文学・美術に限らず広く文化の諸領域に清新な気運をひきおこし，神中心の中世文化から人間中心の近代文化への転換の端緒をなしたと言われる [1]．この時代の建築はルネサンス建築と呼ばれ，巨匠ミケランジェロに代表される建築である．ルネッサンス建築では，基本的には古典古代を再生させようとする趣旨に則り，古典古代の造形原理，すなわちシュムメトリアの秩序原理を理性の領域において理解するというよりは感性の領域において捉えて，優美な形を作り出すための手段として用いたそうである [2]．ミケランジェロのルネッサンス建築とバロック建築が同居するローマのバチカンのサンピエトロ大聖堂は，中央に円形を配して，またシュムメトリアを重視していることがわかる．ルネッサンス時代の代表的な他の建築も使っている円形は真円を基本としている．これは，ルネッサンスが古代の再生を目指したことからもわかるように，ギリシャ，ローマの建築様式をかなり意識したことからも窺え，ギリシャ，ローマ時代における造形は円を基調とするものが多かったことから容易に理解できる．

　一方，バロック建築においてはドイツのフランケンの十四正会堂に見られるように，楕円形が基本となっている．バロック建築の特徴の一つとしてこの楕円形の造形を挙げることができる．バロックはゆがんだ真珠に語源をもつ言葉である．真珠の種類にバロックがあるが，その造形は図3.1に示すように，必ずしもきれいな楕円ではなくて，まさに歪んだ真珠である．バロックという言葉を調べてみると，形において不規則という記述がある．バロックは単に楕円というイメージだけでなく，歪んで，怪しく，不可解な感じがあったものと考えられる．バロック時代には，常に中心が一つの球のような均整美の芸術の世界観から多焦点の楕円的なもの，ゆがんだものへと変化が起きたわけである．このもう一つの焦点は，神に対しては間違いなく人間であった．それまでの焦点は一つしかなく，基本的には神か人間であった．

図3.1　真珠の種類
（ラウンド　オーバル　バロック）

　この時代の音楽もバロック音楽としてよく知られているが，このバロック時代は大変興味深い時代である．そこで，バロック時代の前後の出来事や著名人を並べて，歴史的な流れを概観してみたのが図3.2である．バロック時代は17世紀初頭から18世紀中葉にかけての時代で，バロックは全ヨーロッパを風靡した芸術（建築・彫刻・音楽など）上および文学上の様式を指す．広辞苑によれば，"文芸復興期の古典主義に対して有機的な流動感が強く，マニエリスムに対しては現実感が強く，ロココに対しては雄大荘重が特徴"とある [1]．このようにバロックには，単に人工的な造形のイメージだけではなく，生命的な捉えどころがない動的なイメージがある．このような文化が台頭した時代背景には，ルネッサンス時代に，抑圧的で暗い中世からの解放された人々がまさに新しい時代に突入する夜明けの時代であったと考えられる．ルネッサンス時代に新大陸が発見されたが，ヨーロッパの人々にその新大陸の影響が実際に及びだした時代がまさにバロック時代でもあった．この時代にヨーロッパに持たされたコーヒーが大流行し，町にカフェという新しいコミュニケーションの場が誕生した．ワイマール・ケーテン・ライプチヒなどで教会のオルガン奏者であった作曲家バッハは，宮廷楽長，音楽監督などに任じられ，対位法的作曲技術を以て多声様式を継承，バロック音楽を集大成したことはあまりにも有名である．バロック音楽においては即興音楽的な面も有しながら音楽的な美を追求していた．このころの文化を簡単にいえば，神（＝美）と人間の2焦点の楕円的な文化が確立されたといってよいだろう．

　バロック時代は，ヨーロッパにおいては大変な転換期であった．バロックの時代までは，神と人間の感性は常に対立的に捉えられ，デカルト，ニュートンに続いたほとんどの科学者たちもオイラーの前までは常に神の問題に遭遇した．偉大な数学者オイラーは，バロック時代の数学者で，最初の数学者の近代人と言える人物である．オイラーは哲学の歴史には一切出てこないが，それはそれまでの数学者と違って，単に数式を解くことの喜びに終始したからであろう．また，バロック時代は，真の意味において神から解放された人々が出現し

歴史的背景

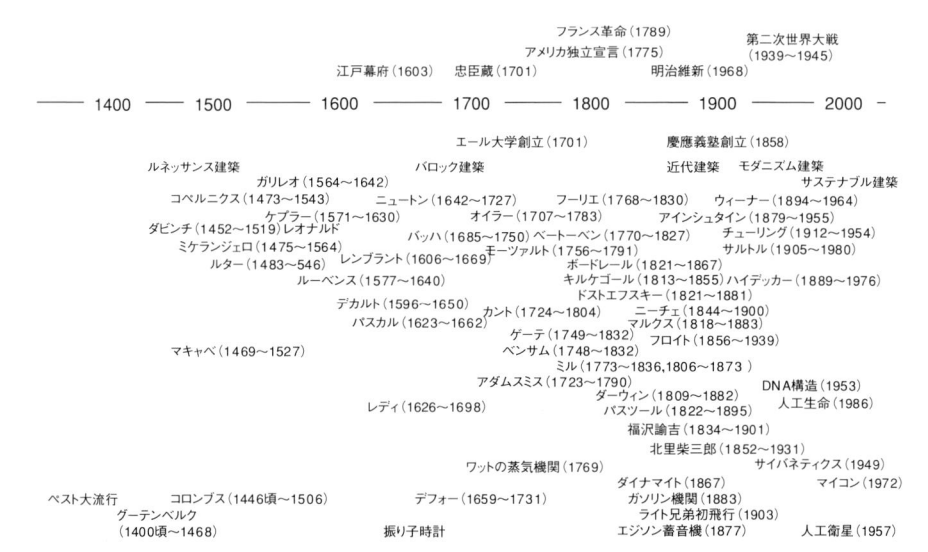

```
                                              フランス革命(1789)       第二次世界大戦
                                       アメリカ独立宣言(1775)            (1939～1945)
             江戸幕府(1603)  忠臣蔵(1701)                      明治維新(1968)
──── 1400 ──── 1500 ──── 1600 ──── 1700 ──── 1800 ──── 1900 ──── 2000 ─
                                  エール大学創立(1701)        慶應義塾創立(1858)
    ルネッサンス建築           バロック建築                 近代建築   モダニズム建築
                ガリレオ(1564～1642)                                 サステナブル建築
       コペルニクス(1473～1543)  ニュートン(1642～1727)   フーリエ(1768～1830)  ウィーナー(1894～1964)
              ケプラー(1571～1630)   オイラー(1707～1783)  アインシュタイン(1879～1955)
   ダビンチ(1452～1519)レオナルド      バッハ(1685～1750)ベートーベン(1770～1827) チューリング(1912～1954)
       ミケランジェロ(1475～1564)    モーツァルト(1756～1791)              サルトル(1905～1980)
           ルター(1483～546)  レンブラント(1606～1669)  ボードレール(1821～1867)
                 ルーベンス(1577～1640)           キルケゴール(1813～1855) ハイデッガー(1889～1976)
                     デカルト(1596～1650)            ドストエフスキー(1821～1881)
                       パスカル(1623～1662)   カント(1724～1804)  ニーチェ(1844～1900)
                        ゲーテ(1749～1832)      マルクス(1818～1883)
        マキャベ(1469～1527)     ベンサム(1748～1832)   フロイト(1856～1939)
                              ミル(1773～1836,1806～1873)
                          アダムスミス(1723～1790)               DNA構造(1953)
                                ダーウィン(1809～1882)         人工生命(1986)
                    レディ(1626～1698)    パスツール(1822～1895)
                                        福沢諭吉(1834～1901)
                                      北里柴三郎(1852～1931)
                   ワットの蒸気機関(1769)  ダイナマイト(1867)     サイバネティクス(1949)
   ペスト大流行                                ガソリン機関(1883)       マイコン(1972)
        コロンブス(1446頃～1506)             ライト兄弟初飛行(1903)
   グーテンベルク            振り子時計
   (1400頃～1468)        デフォー(1659～1731)    エジソン蓄音機(1877)   人工衛星(1957)
```

図3.2　ルネッサンスから21世紀まで [4]-[7]

た時代でもあった．バロック時代には人間中心的な考えをもつような側面が出てきて，アダム・スミスは人間の本性である利己心を自由に活動させれば，神の見えざる手に導かれる社会的利益と調和をもたらすと説いた[3]．そして，人間中心的な考え方はベンサムにも受け継がれ，最大多数の最大幸福という概念を誕生させ，民主主義の基礎が切り拓かれた．

3.3　科学技術のバロック時代

　ベンサムによる最大多数の最大幸福の概念は，当時個々の個人を尊重する意味で考えられた概念であったが，次第に多数の論理がやはり個々の個人を規制することが明らかとなり，個人の解放のためのものが個人を縛るという矛盾に突き当たったのである．このことを明かにしたのがニーチェであり，芸術的な流れはロマン派へと移行していった．これは英雄主義，超人主義的な方向へと進み，どちらかというと人間の一焦点の世界観が形成されていったと思われる．このような世界観は，やはり個人が必ず社会と反発しあうこととなり，大きな壁にぶつかってしまった．そのような中から，刹那的な普遍性を求める実存主

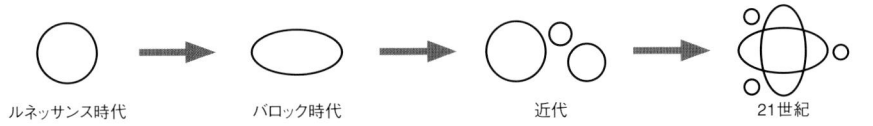

図3.3　時代の図的イメージ

義が生まれたと思われる．しかし，結局社会へのアンチテーゼの面が強く，大衆を本格的に巻き込むことはなく，不条理という知識人の苦悩として認識され，新しい時代へと進んでいったというのは言いすぎであろうか．

　20世紀になると，我々が想像する以上に科学技術の影響が大きく，政治，経済，芸術あらゆる分野において科学技術は影の主役であった．特に，第二次世界大戦以降の科学技術の進歩には著しいものがあり，世界的な軍事的力関係においても科学技術が核になった．ソ連邦や東欧の崩壊も大きな意味においてはコンピュータを中心とする情報革命に負けたためと捉えることができる．一方，科学技術は大衆文化にも大きな変革をもたらし，その影響は国家的なレベルから個人レベルまで大きな変革をもたらした．したがって，20世紀は科学技術が中心の世界観が知らず知らずのうちにでき上がっていった．20世紀は，このように科学技術が個人レベルでは様々なものからの解放を可能とし，あたかも科学技術のルネッサンスと言うに相応しい時代であったと認識される．しかしながら，最近の環境問題に代表されるように，科学技術は新たな地球規模の問題にぶつかり，大きな転機期を迎えようとしている．今後，環境問題だけでなく，グローバルな渾沌の時代に，科学技術が単なる商品や道具的な側面からのみ議論される危険性をはらんでいるような気がしている．21世紀は，科学技術の一焦点の世界観から，これに人間社会のもう一つの焦点を付け加えた楕円的な世界観へと移行しなければならないと考える．歴史が教えるように，この流れが人間社会へと振れ過ぎると，また不安定な世界が誕生するのかもしれない．そこで，21世紀を迎えようとする今，安定的に楕円的な世界観をいかに構築するかが問われているように思われる．

　ルネッサンス時代から21世紀への時代の変遷を図的なイメージにすると，図3.3のようになる．近代は，ある意味でやっと人間中心の時代を迎えたと思った瞬間に技術の時代に突入してしまった．その時代はやはり円的な世界観のぶつかり合いの時代でもあった．21世紀の技術社会は，バロック時代の楕円的世界観のダイナミズムをさらに深化させる必要があると考える．また，多焦点的世界観を常に維持する政治的制御が必要な時代に突入している．図3.4は，

バロック時代	新バロック時代
■ペストの流行で3000万人が死亡 ■神からの解放 ■新大陸の発見 ■人間の存在に関する時間軸的な有限性の認識 ■神と人間の楕円的世界の過渡期 ■人間中心の世界へ推移冷戦の時代へ推移	■第二次世界大戦で約6000万人（4000万の民間人）が死亡 ■物理的制約からの解放（技術による） ■見えざる新大陸（インターネット）の出現 ■地球の空間の有限性の認識 ■技術社会と地球環境が共生する楕円的世界観の維持の必然性 ■自律的制御が不可欠な時代

図3.4 技術社会の新バロック時代

過去のバロック時代の特徴と21世紀の科学技術のバロック時代の特徴を対比したものである．

3.4 システム生命の概念

コンピュータウィルスや人工生命を除けば，人工物には生命という概念がこれまでなかった[9]．機械を使うのは人間であり，常に人間が主体であると思って，機械の設計を人間に役立つ道具としてこれまで行ってきた．しかしながら，プログラム化され，知能化された機械はすでに単なる機械としての役割以上のものを発揮しており，逆に人間や自然はその影響を強く受けるようになってきた．この傾向は今後ますます強まり，従来の考え方だけから機械を設計することには限界がきている．動物は，高等になればなるほどいろいろな作業ができるだけでなく，表情が豊かになる．しかし知能化された機械は必ずしもそのようなことがないために，人間とのコミュニケーションがほとんどなく，人間とのインタラクションに問題が生じることも多々ある．たとえば，高度にプログラム化された自動機械の意図が人間にわからず，機械と人間との不整合な操作が起きて，大きな事故に繋がり，結果的にはヒューマンエラーの問題と捉えられる場合がある．そのような典型的な例は1994年の中華航空機の墜落事故であり，記憶に新しい．さらに，環境問題の解決にも，機械の廃棄とその環境への影響を考えた機械を設計する必要があり，機械の「生死」を考え，機械を「生命体」として設計しないと，自然と共生する設計ができなくなる．そのような背景から自然システムと人工システムとの共通の基盤としてシステム生命の概念が誕生した．すなわち，人工物にも自然システムの生命現象に対応するものが必要であり，生命現象をつかさどる遺伝子情報に対応した人工物の情

報をシステム生命情報と定義して，その情報を人工物に埋め込むという考え方が提唱されている．このシステム生命の概念は，テクノヒューマニティ社会の建設に不可欠な概念であると考えられる．

自然システムの場合には，適応，進化のプロセスにおいて環境の情報が遺伝子の情報の中に取り込まれている．遺伝子には，以下のような情報が蓄積，埋め込まれている．
・自然システムの種の情報
・適応の情報
・進化の情報
・環境の情報
・最良性の情報
　　　⋮

これらの情報は設計情報の役目を果たしており，存在の目的，評価の情報も有していると考えられる．自然システムは，環境への適応によって生命システムとしてのバランスを有している．一方，人工的なシステムは一部の機能だけが知能化してシステムとしてのバランスに欠ける場合が少なくない．人工システムにおいては，これらに対応する情報は設計者が有し，システムそのものには埋め込まれていなかった．また，自然システムと人工システムには以下のような特徴がある．
・自然システムは自然への適応によって生命システムとしてのバランスを有する．
・人工システムは一部の機能だけが知能化してシステムとしてのバランスに問題がある．
・自然システムと人工システムの共通基盤となる何らかの概念が必要である．
・オープンな環境で利用される人工システムが21世紀にはさらに増加する．
・自然システムや人間と，人工システムのインタラクションが増加する．

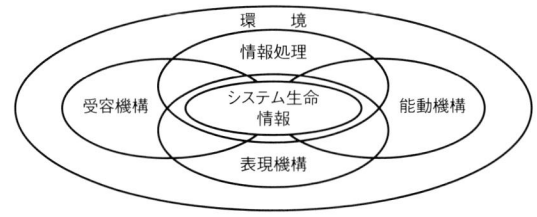

図3.5　システム生命の概念

そのような背景から，自然システムと共有できる基盤の上に人工物の設計にも上記のような情報を埋め込み，バランスの取れた人工物を作る必要があると考え，図3.5に示すようなシステム生命という概念が考案されている．システム生命は，受容機構，能動機構，情報処理機構，表現機構を融合した人工システムの支配原理およびその設計，評価に関する情報として定義される．人工システムが自然システムとのインタラクションをもつところに存在するかぎり，自然システムを支配する原理を人工システムも共有することになる．したがって，人工システムにおいても知的システムの四つの要素，受容機構，動作機構，情報処理機構，表現機構の要素を融合させる構造および情報が必要であり，これをシステム生命情報と呼ぶことにする [10]．

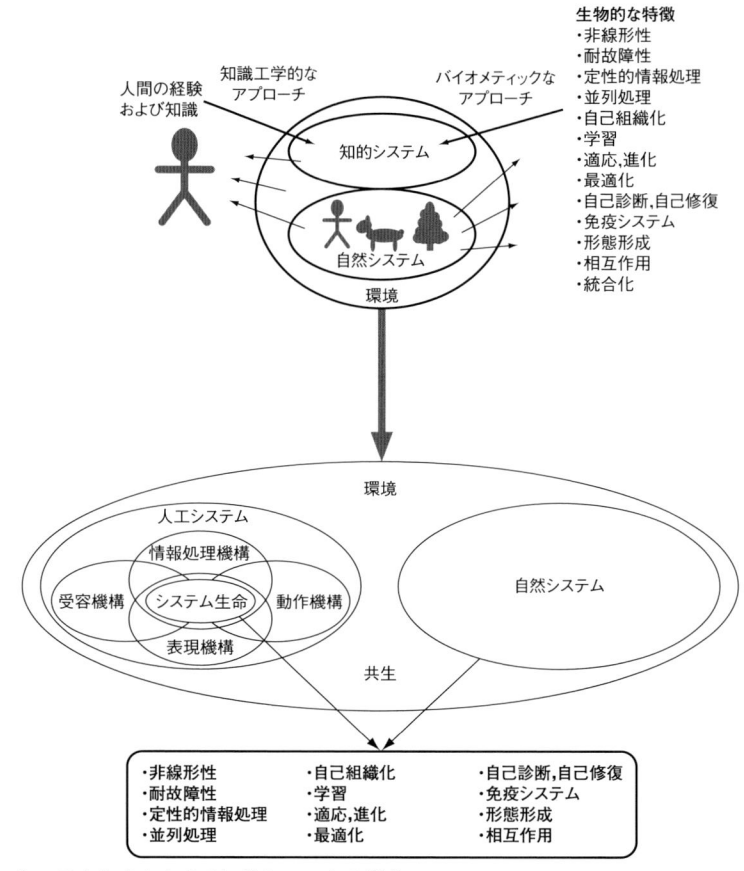

図3.6　システム生命を有する知的システムの概念

図3.6に示すように，これまでの知識工学的なアプローチもバイオミメティックなアプローチも自然システムと環境から情報を得て，これをもとに，知識工学的なアプローチでは人間のスキルやルールを知的システムに埋め込み，バイオミメティックなアプローチでは生物的な機能を知的システムに埋め込む形で知的システムが設計されてきた．人間が設計するプロセスにおいては環境の情報，システムの目的や評価の情報を用いているが，作られた人工システムそのものは，そのような情報を直接有することはほとんどない．すなわち，このような情報を前提としてある機能を実現する装置やアルゴリズムとして人工システムが作られ，システムそのものは目的や評価あるいは環境の支配原理の情報を持たないため，いったん前提が狂うと対応できなくなる問題点があった．したがって，図3.6に示すように人工システムにおいても自然システムと同様にシステムの目的・評価ならびに環境の条件に関する情報を有しておく必要があるものと考えられる．また，人間とのインタラクションを伴うものや，オープンな環境で利用される人工システムが増加しており，人工システムとしても自然システムと何らかの共通基盤を有するような概念で設計される必要性が出てきた．

　生命に関する歴史に若干触れておこう．生命に関する考察が本格的になされるようになったのもやはりバロック時代であった．フィレンツェの医師であり生物学者であったフランチェスコ・レディ（1626～1698）は，当時生命が自然発生するというアリストテレスの教えに対して，生命はそれ以前に存在して生命からだけ生ずることができ，生命が自然発生することはないと主張し，腐った物質の中からウジ虫が自然に発生するという考え方は観察上の大きな誤りであることを示した．その後，ダーウィンなどの進化論を経て20世紀になって，量子力学の物理学者ボーアとシュレンディンガーなどの生命に関する考察の影響で分子生物学が1950年頃に誕生し，1953年ワトソン，クリック，ウィルキンスらによるDNAの2重らせん分子構造モデルの発見へと繋がった．そして，1986年にヒトゲノム計画が始まった．その後，生命の要素を分析しても生命を突きとめることはできないことがわかり，複雑系の科学やシステム生物学が誕生してきた．20世紀の後半の科学技術は生命・生物に学ぶことが多かったが，本来学ぶべきものはシステムとしての生命現象ではないだろうか．

　前述したように，生命の特徴には以下のようなものがある．
・自律性
・新陳代謝，免疫

- 自己組織化
- ホメオスタシス（恒常性），環境への対応，外力に対する安定性
- 情報の貯蔵，学習，記憶
- 生殖，自己複製
- 遺伝
- 進化，発達能力
- 老化，細胞死，アポトーシス
- 個体の死

上記の特徴は，必ずしも生物だけのものではない．たとえば，自己増殖だけは生命のみがもつ特質と考えられていたが，フォン・ノイマンは生物以外に自己増殖できる機械が構築可能であることを論理的に実証している．このように，それぞれの特徴は，生命以外にありえることであるが，これらをすべて備えているのは生命以外にはないと考えられる．しかるに，生命を究極の機械と考えるならば，システムとしての生命に注目し，システムとしての生命に学ぶ機械や建築を作る必要があるのではないか．これが，究極のデザインの背景となる考え方である．もう少し具体的に言うと，このような概念を基礎として，多機能でかつ機能間の統合とバランスが十分にとれ，環境とのインタラクションが可能な機械・建築システムの新しいデザインを追究することが重要である．

3.5　環境の情報を埋め込んだデザイン

　システム生命概念に基づいたデザインの例として，環境の情報を埋め込んだ知的制御の方法について紹介する．通常の制御においては，センサからの情報を処理してアクチュエータを動かすことで制御を行う．その情報処理のプロセスには設計者の意図が反映されているが，情報処理そのもののプログラムにおいてはその意図が陽に与えられていない．また，制御対象が存在する環境やそれを支配している原理原則が情報処理に反映されていても，陽にそのことが情報処理そのものに活かされていない．そのため，設計者が想定した状況において，これらのことが間接的に活かされていても，想定した状況や環境が変化すると設計における前提が崩れ，対応不可の状況に陥りやすい．このようなことを避けるためには，情報処理そのものの中に前提となる情報を陽に埋め込んでおく必要がある．そのような観点から，情報処理そのものの中にエネルギ原理

図 3.7 振上げ・倒立振り子の制御

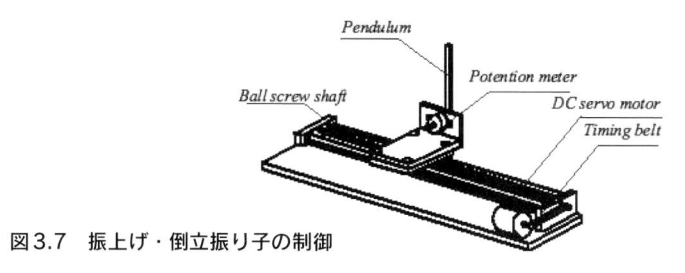

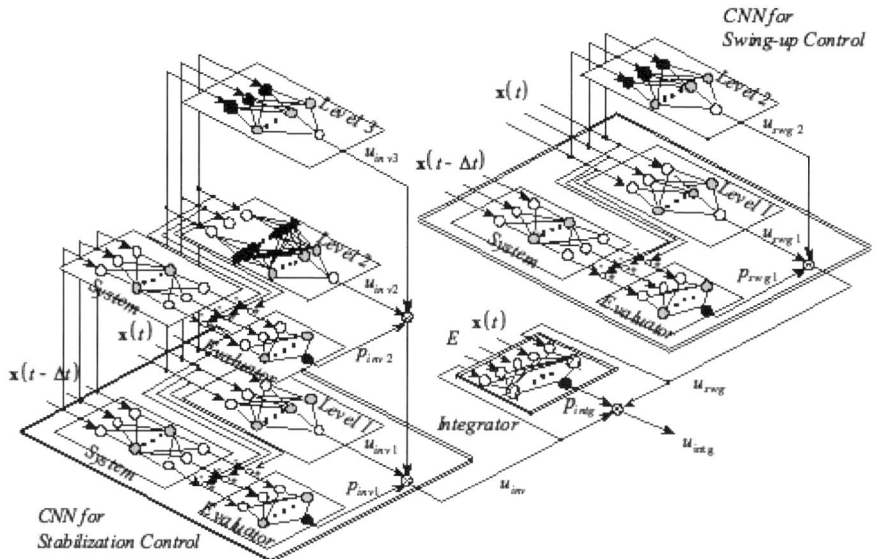

図 3.8 キュービックニューラルネットワークによる知的制御

の情報を埋め込んで耐故障性をもつ知的制御を実現した例について説明する．

　図 3.7 のような振上げ・倒立振り子の制御の問題を考察しよう．振上げと倒立は本質的に不安定化と安定化の全く反対の制御を切り替えるような制御を行わない限り実現しない難しい制御問題である．このような制御の目的を切り替えるような非定常制御において，そのタイミングは大変重要であり，回転角度などの正確な情報が必要となる．なお，安定化だけでも，非線形性のためにセンサの増幅度の故障あるいは異常が起きると制御不可の状況に陥り易い．

　図 3.8 は，著者が考案したキュービックニューラルネットワークによる知的制御の情報処理の構成図である．この詳細は文献 [11] [12] [13] に委ねることとするが，その本質は不安定化のニューラルネット制御器と安定化のニューラルネット制御器をニューラルネットワークのインテグレータで切り替える仕組

3.5 環境の情報を埋め込んだデザイン

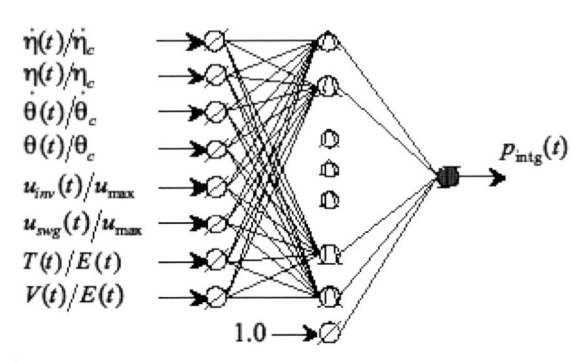

図3.9 インテグレータへの環境情報の埋め込み

みになっている．不安定化から安定化への切り替えはこのインテグレータが行い，成功に直接かかわる重要な情報処理器となっている．このインテグレータの入出力を図3.9に示す．入力の最下段の2つは運動エネルギと位置エネルギを総エネルギで除したものであり，このインテグレータは陽にエネルギ原理を満たすようになっている．このエネルギ原理は一種の環境を支配している原理原則の情報であり，この情報があるかないかでは耐故障性の性能に大いに差が出てくる．

　図3.10と3.11は，センサの増幅度とリンクの長さの変化に対するロバスト性を調べた結果である．図中，LQRは通常のLQ最適制御を，SMCはスライディングモード制御を，CNNはキュービックニューラルネットワーク知的制御を示す．図3.10と3.11は，倒立制御のみの場合で，先に述べたインテグレータは用いられていないが，制御結果を常に評価し，用いられている制御側の前提条件が成り立っているかを常にチェックしている．もし，何らかの異常で制御性能が劣化すると，その制御側を抽象化した情報処理に自動的に切り替わる．この抽象化にはファジィニューラルネットワークが用いられている．この抽象化された情報処理には，モデルの情報が抽象的に保存されており，定量的な性能は劣化するものの，原理原則の本質的な情報が用いられるため，異常があっても対応可能となることを図3.10と3.11は示している．さらに，図3.9に示すように陽にエネルギに関する情報を利用することによって，センサ異常にロバストな制御系の設計が可能であることを図3.12は2重振り子の振上げ・倒立制御において示している [14]．

　図3.13は，2重振り子の振上げ・倒立制御において2番目のリンクの長さが変化したときのパラメータ変動に対するロバスト性を示したものだが，明らかにパラメータ変動に対してロバストであることが示されている [15] [16]．

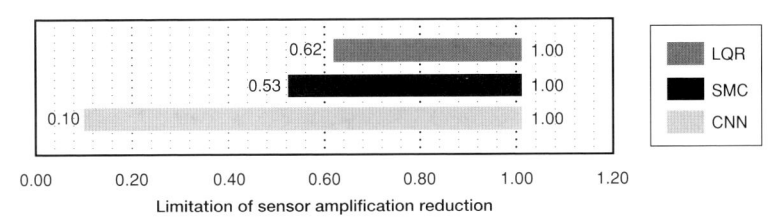

図3.10　センサの増幅度故障に対するロバスト性

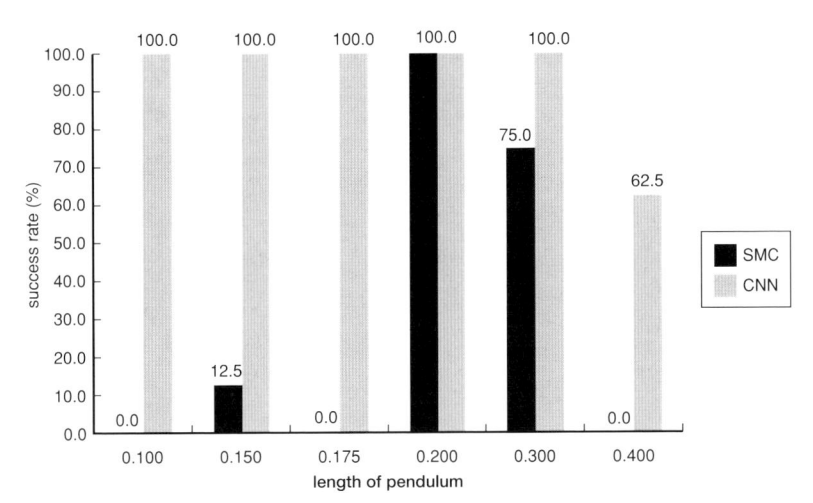

図3.11　リンクの長さ変化に対するロバスト性

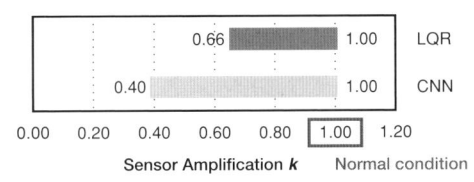

図3.12　センサー増幅度異常に対するロバスト性

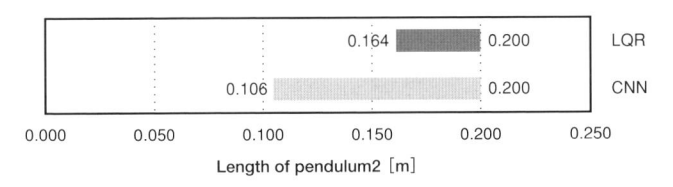

図3.13　パラメータ変動に対するロバスト性

3.5　環境の情報を埋め込んだデザイン

3.6 目的とその評価を埋め込んだデザイン

ロボットの制御に対してシステム生命概念に基いたデザインを行った例について述べる．開放的な環境において複数のロボットが協調して何らかの作業を行う場合，制御シナリオを前提とした制御手法では限界がある．そこでシステム生命概念を用いた設計法の例として，図3.14に示すようなロボカップサッカーの中型機リーグでの協調制御について紹介する．

ロボットのハードウエア構成を図3.15に示す．ロボットはセンサとして全方位視覚システム，エンコーダを持ち，コミュニケーションの手段として無線LANを用いる．フィールドプレーヤは全方位移動機構を，ゴールキーパは二輪移動機構を有する．また，両ロボットともソレノイドによるキック機構を有する．サッカーロボットのソフトウェア構成を図3.16に示す．ロボットはあらかじめ行動モジュールを保持する．攻撃をするという目的に対して，ボールにアプローチするといった中間目標が存在するが，行動モジュールは，この中間目標を達成するための出力を与えるモジュールとして定義される．この行動モジュールを連続して選択することで中間目標が達成される．これを効果的に選択することで，ロボットに状況に適応した振舞いをさせることが可能となる．

行動モジュール選択までの流れは以下のようになる．ロボットはセンサからの情報を用いて環境を認識する．このとき主に視覚情報を用いるため，欠損や誤認識が存在する可能性がある．そこで，短期記憶を用いた情報補完を行う[17]．得られた情報に基き，目的に関する自らの達成する容易さを自己評価し，これをロボット間で共有する．そして，協調行動を達成する制御手法を用

図3.14　ロボカップ中型機リーグ

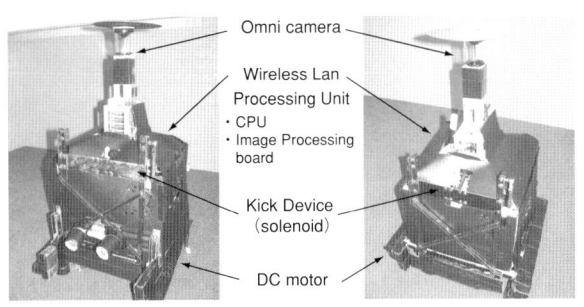

図3.15　サッカーロボットのハードウエア

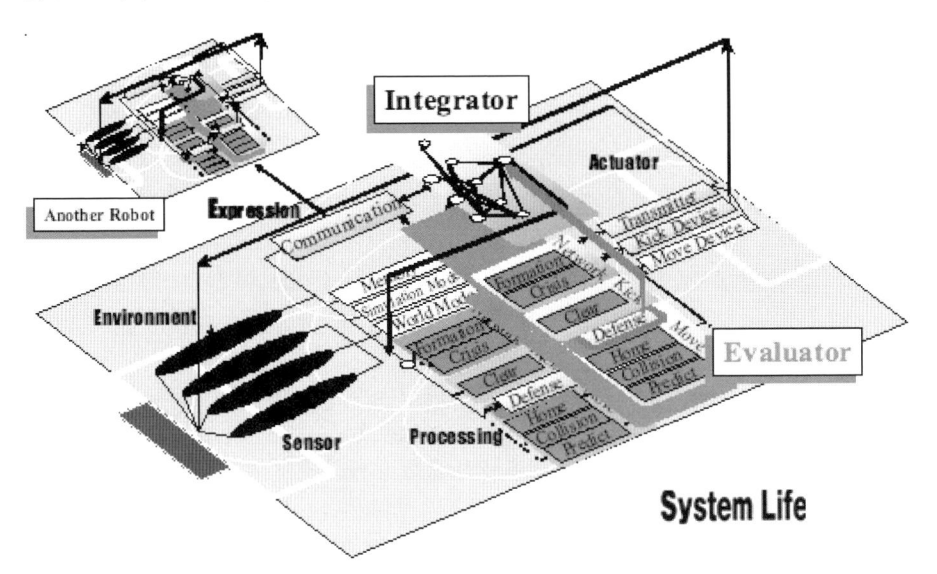

図3.16　ロボットのソフトウェア構成

いて現在の目的を決定し，これを満たすための適切な行動を選択する行動選択器を選択する．行動選択器の構造としてIf-thenルールを用いるものと学習により構築するものが研究されている．これを用いて，行動モジュールを選択する．行動モジュールはファジイポテンシャル法を用いた行動制御手法などを用いて最終的な目標方向・速度を決定する．

　システム生命概念に基いて，目的に関する評価情報を用いたロボット群の協調制御手法を開発した[18]．概念図を図3.17に示す．各ロボットは各目的に関する評価をし，達成度の算出を行う．この情報を抽象化し，抽象化された情報を無線を用いてロボット間で共有する．共有した評価情報のなかで，自分の評

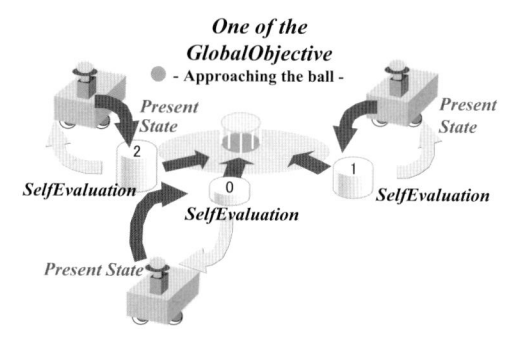

図3.17　協調制御の概念図

価よりも高い評価を持つもの，および優先度が高いロボットを考慮し，自身から見た自身以外の群全体の目的に対する満足度を評価する．群全体の目的に対する満足度が低いとき，他ロボットが目的を満たしていないということになるため，ロボットはこの目的を選択する．高いと判断された場合は，すでに他のロボットがこの目的を達成しようとしていることになるため，この目的を選択しない．これにより，他の邪魔をすることなく一つの目的を達成できると考えられる．この手法によりロボットは高い自律性を保ちつつ，お互いを考慮した振舞いが可能となる．このような制御によって，2004年と2005年のロボカップ世界大会中型リーグにおいて優勝した．

3.7　これからのデザイン

　歴史的な背景を踏まえて，これからのテクノロジーデザインの重要な概念としてシステム生命の概念を提唱した．これからもデザインを行う主体は人間であることには変わりはないが，21世紀はデザインされたものがデザインする主体により大きな影響をより与える時代であろう．デザインされる側とデザインする側がインタラクションする時代である．科学の歴史においては，観測者と被観測物とのインタラクションを経験しているが，工学においては一層複雑な相互作用が触発される時代である．そのような時代には，これまでのように静的な環境である場面を想定したようなシナリオに基づいたデザインでは限界があり，どのように環境が変化しても，基本原理や存在目的に従った基本的な振舞いが可能なデザインを行わなければならない．航空機や原子力発電所など，

現在の高度で複雑な機械や設備・装置のほとんどが，基本的には設計者のシナリオに基づいたデザインになっていると言っても過言ではない．その意味では，デザインの革命が必要な時代に突入していると言ってよいだろう．今後もデザインの変革への絶え間ないチャレンジが続くものと考える．

本稿で紹介した研究の一部は文部科学省平成15年度21世紀COEプログラム「知能化から生命化へのシステムデザイン」および「慶應義塾大学大型研究助成金」により助成を受けていることを記し，謝意を示す．

参考文献

[1]『広辞苑 第5版』，岩波書店，1998
[2] 森田慶一：『西洋建築入門』，東海大学出版会，1971
[3]『コンサイス外国人名辞典』，三省堂，1976
[4] Norman Davies：*EUROPE A HISTORY*，1996（別宮貞徳訳：『ヨーロッパⅡ中世』，共同通信社）
[5] Norman Davies：*EUROPE A HISTORY*，1996（別宮貞徳訳：『ヨーロッパⅢ近世』，共同通信社）
[6] 樺山紘一：『世界の歴史16巻ルネッサンスと地中海』，中央公論社，1996
[7] 長谷川輝夫・大久保桂子・土肥恒之：『世界の歴史17巻ヨーロッパ近世の開花』，中央公論社，1997
[8] J.ド・ロネイ，菊池韶彦訳：『生命とは何だろうか』，岩波書店，1991
[9] 米沢冨美子：『複雑さを科学する』，岩波書店，1995
[10] 吉田和夫：システム生命を有する知的システムの構築，日本学術振興会未来開拓学術推進事業研究成果報告書，2002
[11] H. Kidohshi, K. Yoshida and M. Kamiya: Intelligent control method using cubic neural network with multi-levels of information abstraction, *Proceedings of 1995 IEEE International Conference on Neural Networks*, 27 November- 1 December, 1-8，1995
[12] H. Kidohshi and K. Yoshida: Intelligent control of fluidized incinerators using cubic neural network with multi-levels of information abstraction, *Trans. of JSME*, **63**, pp.113-120, 1997
[13] H. Kidohshi, and K. Yoshida: Intelligent control method using an integrated cubic neural network (Intelligent nonlinear control of a pendulum from swing up to stand up), *Trans. of JSME*, **63**, pp.3160-3167, 1997
[14] M. Takahashi, T. Narukawa and K. Yoshida: Robustness and Fault-Tolerance of Cubic Neural Network Intelligent Control Method -Comparison with Sliding Mode Control-, *Proceedings of the 2003 IEEE/ASME International Conference on Advanced Intelligent Mechatronics (AIM2003)*, pp.17-22, CD-ROM Proceedings, 2003
[15] M. Takahashi, T. Narukawa and K. Yoshida: Intelligent Control Using Destabilized and Stabilized Controllers for a Swung up and Inverted Double Pendulum, *Proceedings of the 2003 IEEE International Symposium on Intelligent Control (ISIC2003)*, pp.914-919, CD-ROM Proceedings (157), 2003

[16] M. Takahashi, T. Narukawa and K. Yoshida: Intelligent Transfer and Stabilization Control to Unstable Equilibrium Point of Double Inverted Pendulum, *Proc. of the SICE Annual Conference 2003*, pp.843-1848, 2003

[17] H. Fujii, N. Kurihara and K. Yoshida, Intelligent Control of Autonomous Soccer Robots with Compensating Missing In-formation, *Proceedings of the Joint 2nd International Confer-ence on Soft Computing and Intelligent Systems and 5th In-ternational Symposium on Advanced Intelligent Systems (SCIS & ISIS 2004)*, 2004

[18] H. Fujii, D. Sakai, and K. Yoshida, Cooperative Control Method Using Evaluation Information on Objective Achievement, *Proceedings of the 7th International Sympo-sium on Distributed Autonomous Robotic Systems (DARS 04)*, 2004

4章
システム生命の導入による生命化建築のデザイン

独立行政法人 建築研究所，慶應義塾大学　**村上周三**

4.1　建築と環境負荷 [1], [2]

　建築分野は大量のエネルギー・資源を消費している．たとえば，日本全体としての CO_2 発生量の中で，建築分野は実に 40 % を占める．その意味で，建築分野には，環境負荷削減が強く求められており，これを推進する有力な手段として，建築物の環境共生化ということが広く推奨されている．しかし環境負荷の大幅な削減を実現するためには，建築環境設計におけるパラダイムシフトが必要である．本稿の主題である生命化建築は，システム生命という新しい概念を建築・設備に導入して環境共生建築の新しい分野を開拓しようとするものであり，地球環境時代における建築設計の新たなパラダイムを提供するものであると考える．

4.2　地球環境時代の建築設計とトレードオフ問題

　地球環境問題が顕在化してから，建築物の設計には，環境負荷の削減をはじめとして多様な価値観に基づく多くの新たな要因が加わった．このことは，設計条件が互いにトレードオフとなる状況を示す事態をたびたび発生させ，環境設計は困難さを増すようになった [3]，[4]．たとえば，環境負荷削減のための省エネルギーと快適性の確保はトレードオフ関係に陥ることがある．その一例を図 4.1 に示す．これは，住宅の各種の設計条件（この事例では 398 万ケース）について，コンピューター・シミュレーション [5] により住宅の性能を調べ，その中の代表的な住宅の省エネ性能と快適性を取り出し，これらを両軸にとって散布図を描いたものである．

　この場合，最も省エネ性に優れた住宅と快適性に優れた住宅は，いわゆるパ

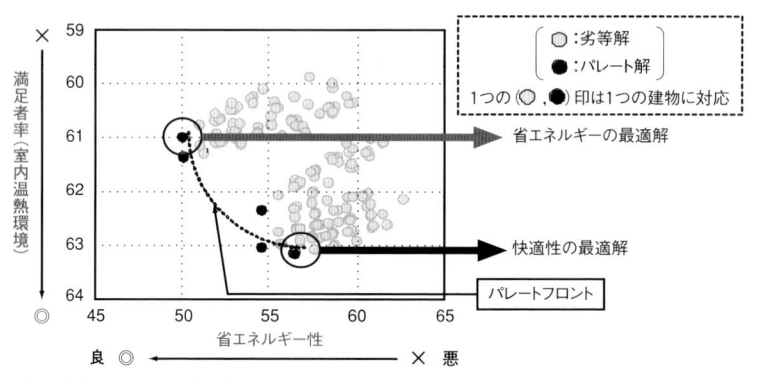

図 4.1　快適性と省エネルギー性のトレードオフ関係

レート解群の一つとなり，明確なトレードオフ関係にある．このようなトレードオフ問題を解決するためには新たな取り組みが必要とされるが，筆者らは現在，AHP（Analytic Hierarchy Process，階層分析法）と呼ばれる方法でこれを解決している．

　上記の例のように，地球環境時代の環境設計にはこのようなトレードオフ問題を含め様々な困難が存在するので，この困難を解決するためには新たなパラダイムが必要とされる．そのため本研究では，生命体の有する優れた環境共生機能に着目し，これを建築の性能に翻案して具現化することで，地球環境時代の多くの課題の解決に資する生命化建築の提案を試みた．

4.3　居住環境計画の側面からみた生命体

　繰り返すまでもないが，生命体は各種の環境に巧みに適応している．環境共生型の居住環境の計画という視点から生命体を眺めるとき，図 4.2 に示すように生命体が多くの優れた機能を保有していることが分かる．生命体の有する，多目的最適化，意思決定，ロバスト性，省エネ性，学習などの優れた機能を，建築物の設計に反映させることができるなら，多くの点で地球環境時代の環境上の課題の解決に貢献することが可能で，環境負荷削減をはじめとする環境配慮設計において建築物の性能は大幅に向上することが期待される．生命化建築とは，このような観点から生命体の優れた機能を取り込んだ建築を指し，それを具現化する手段として建築のためのシステム生命という概念を開発した．

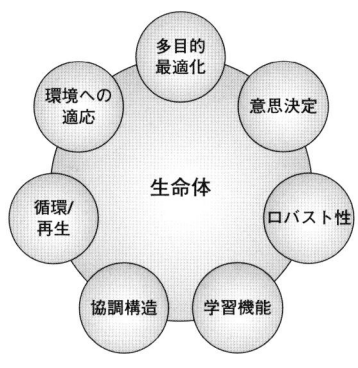

図 4.2　生命体の優れた機能

4.4　生命体機能のモデル化としてのシステム生命

　前述の生命体の優れた機能を建築に導入するためには，多くの手続きが必要とされる．まず，システムとしての生命体の有する優れた機能のうち，特に建築環境設計に有用なものを抽出し，システム制御工学の知識を活用して，これらを建築に適用可能な形式に翻訳し，再構成する．その結果，生命体の持つ機能を建築に導入するためには次の四つのメカニズムが必要であり，これらを駆使すれば生命体の機能を模擬した優れた機能を建築において再現するための制御システムを構築できることがわかった．すなわち，センサー，コントローラ，アクチュエータ，コミュニケータの四つの機能である．以上のようなシステム生命の考え方を，図 4.3 に示す．これらの考察を通して，生命化建築におけるシステム生命は以下のように定義される：「システムとしての生命体の優れた

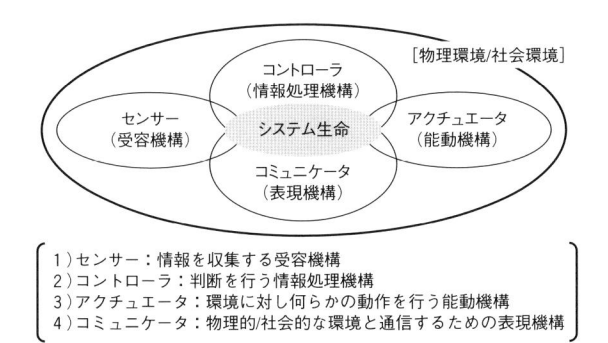

図 4.3　生命をモデル化したシステム生命の四つのメカニズム

機能に着目して，システム制御工学等の手法を用いて，'生命'を人工的にモデル化したもの」

4.5 システム生命を用いた居住環境の制御と生命化建築

　上記のシステム生命を居住環境に適用し，自律協調的にその制御を行うメカニズムを図 4.4 に示す．この制御メカニズムの中で，①フィードバック制御と②フィードフォワード制御は重要な役割を占めている．それぞれ，生命体の反射的制御機能と学習機能に学ぶ点である．また，'コミュニケータ'は，建築を取り巻く物理環境や社会環境と居住環境の設計者や利用者との対話を促進する機能を有する [6]．

　システム生命に基づいて生命化されたオフィス空間の設計コンセプトの事例を，図 4.5 に示す．ここでは，いくつかのシナリオのもとに省エネ，快適性などの設計目標の達成に向けて空調，照明，ブラインドなどが自律協調的に制御される．システム生命に基づく生命化建築を実際に具体化する場合，改めて設計対象となる建築と居住環境の概念整理が必要となる．ここでは建物や居住環境が，①屋内環境，②屋外環境，③シェルター（パッシブシステム），④設備・エネルギー（アクティブシステム）の四つの要因で構成されると考える．これらは，図 4.6 に示すようにシステム生命により有機的に結合され，ロバストな環境共生建築が具現化される．四つの要因の有機的に結合した建築システムのもとで，

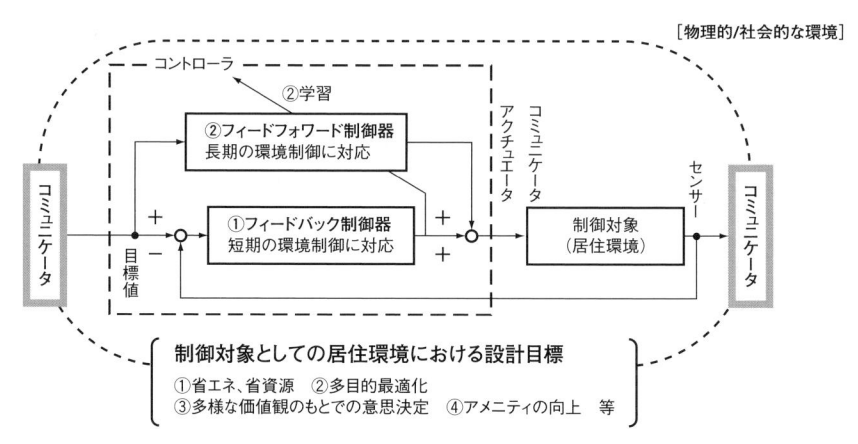

図 4.4　システム生命の導入による居住環境の制御機構 [6]

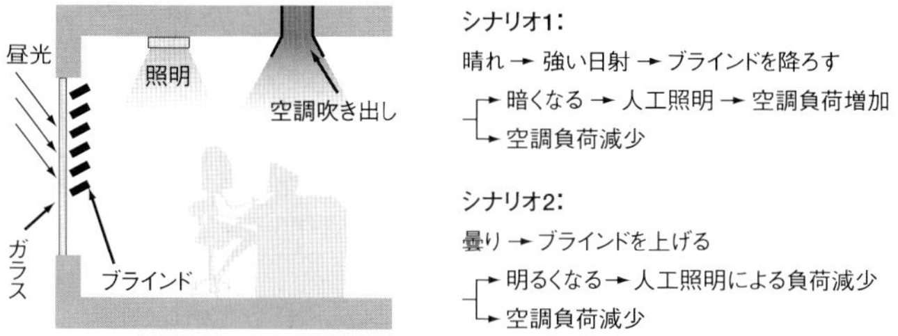

図 4.5　生命化されたオフィス空間に組み込まれる協調制御

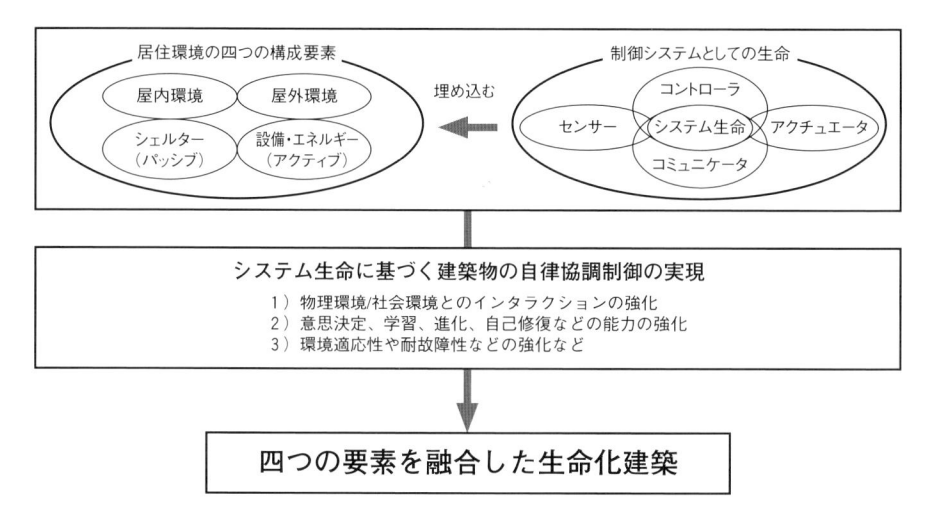

シナリオ1：
晴れ → 強い日射 → ブラインドを降ろす
　└ 暗くなる → 人工照明 → 空調負荷増加
　└ 空調負荷減少

シナリオ2：
曇り → ブラインドを上げる
　└ 明るくなる → 人工照明による負荷減少
　└ 空調負荷減少

図 4.6　四つの要素を有機的に統合した生命化建築

居住環境の四つの構成要素：屋内環境、屋外環境、シェルター（パッシブ）、設備・エネルギー（アクティブ）

制御システムとしての生命：センサー、コントローラ、システム生命、アクチュエータ、コミュニケータ

埋め込む →

システム生命に基づく建築物の自律協調制御の実現
1）物理環境/社会環境とのインタラクションの強化
2）意思決定、学習、進化、自己修復などの能力の強化
3）環境適応性や耐故障性などの強化など

四つの要素を融合した生命化建築

省エネ，省資源，環境共生，多目的最適化，多様な価値観のもとでの意思決定，アメニティの向上等の各種設計条件が達成される．ここではこれを生命化建築と呼ぶ．4.2 節で示した AHP に基づくトレードオフ問題の解決等は，設計目標達成のための要素技術の一つである．また目標達成のための制御システムが図 4.4 に示されるものである．

4.6　システム生命を導入した建物の実践 [7], [8], [9], [10]

筆者らは，システム生命に基づく生命化建築のプロトタイプとして，図 4.7 に示す高知県檮原町の庁舎を設計，建設した．設計統括は村上周三で，意匠設

図 4.7　高知県檮原町総合庁舎の外観（竣工：2006年8月）

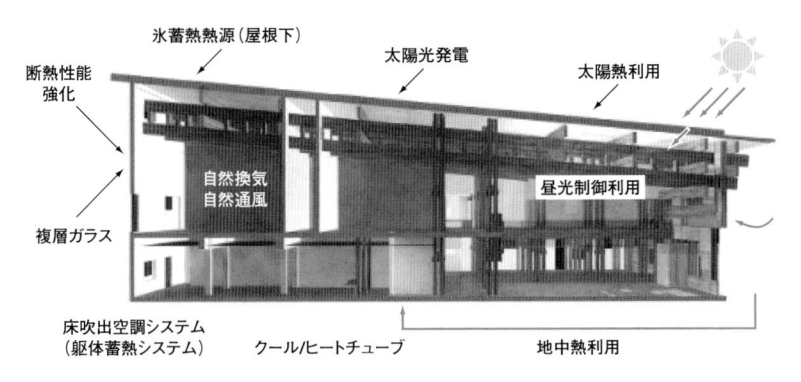

図 4.8　檮原町庁舎の環境共生デザイン

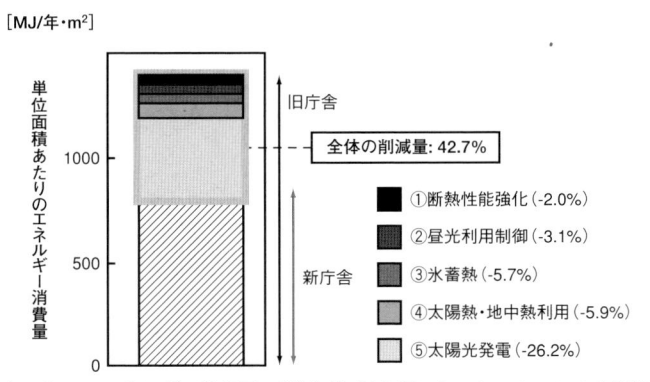

図 4.9　新庁舎におけるエネルギー消費量の削減（年間空調シミュレーションと現地調査に基づく）

計は隈研吾，環境・設備設計は伊香賀俊治である．

予算の限られた庁舎建築ではあるが，生命化の考え方を活用して，ロバストで環境共生な建物の設計に成功している．環境設計の詳細を図 4.8 に示す．

建設後の調査によれば，この建物は省エネ性能に優れ，図 4.9 に示すように 40 % 以上のエネルギー消費量の削減に成功している．

4.7 檮原町庁舎における環境効率の向上

建物の環境効率 BEE（Building Environmental Efficiency）は，環境品質 Quality と環境負荷 Load を用いて，Q/L として定義される．檮原町庁舎における，様々な環境共生手法の適用とこれによる環境効率 BEE の向上を，図 4.10 にイメージとして示す．Load の削減と Quality の向上に対する各手法の寄与が構造的に理解される．

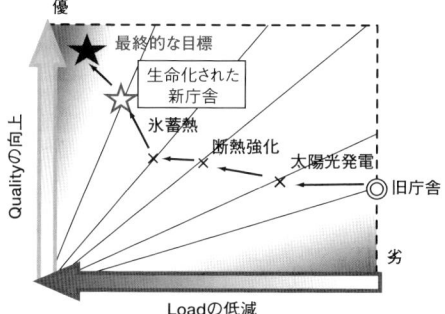

図 4.10　環境共生と協調制御に基づく環境効率（Q/L）改善のイメージ

地球環境問題が一層深刻化する状況の中で，建築分野には環境負荷を削減することが強く求められている．負荷削減に向けた建築環境設計のパラダイムシフトを実現するため，新たにシステム生命に基づく生命化建築の理念を提示し，そのプロトタイプとして庁舎建築を設計，建設してその環境効率の向上を実証した．今後，この生命化建築の理念に基づく環境設計手法が広く普及し，地球環境問題の改善に貢献することを期待する次第である．

参考文献

[1] 村上周三・伊香賀俊治・糸長浩司・岩村和夫・野城智也・坂本雄三・他21名：シリーズ『地球環境建築入門編　地球環境建築のすすめ』(日本建築学会編)，彰国社，2002

[2] 村上周三・北川良和・吉田和夫・和泉洋人・隈研吾・栗田治・野口裕久・三田彰・岸本達也：『慶應義塾大学大学大学院理工学研究科21世紀COEプログラム「知能化から生命化へのシステムデザイン」生命建築グループ，サステナブル生命建築』，共立出版，2006

[3] 島崎祐輔・村上周三・加藤信介・大森敏明・伊香賀俊治・鈴木雄介：環境共生住宅の多目的最適化(その1)，定量的評価のための項目抽出と最適設計手法の概要，日本建築学会大会学術講演梗概集，D-1, pp.853-854, 2006

[4] 神谷麗・島崎祐輔・村上周三・加藤信介・大森敏明・伊香賀俊治・鈴木雄介：環境共生住宅の多目的最適化(その2)，数値解析，LCA等に基づく定量的評価と項目間の相互関係の解明，日本建築学会大会学術講演梗概集，D-1, pp.855-856, 2006

[5] 島崎祐輔・村上周三・加藤信介：環境共生住宅の多目的最適化(その8)，GAを利用した快適性－環境負荷－経済間のパレート解探査，日本建築学会大会学術講演梗概集，D-1, pp945-946, 2007

[6] 岡本哲也・村上周三・加藤信介・島崎祐輔・河合浩志：環境共生住宅の多目的最適化(その10)，長・短期の気候変動に適応する室内温熱環境の2段階制御手法の開発，日本建築学会大会学術講演梗概集，D-1, pp949-950, 2007

[7] 津田公平・村上周三・伊香賀俊治・隈研吾・本藤祐樹・成田菜採：サステナブル建築のLCAに関する研究(その1)，現地調査に基づく地場産木材のインベントリ分析，日本建築学会大会学術講演梗概集(関東)環境日本建築学会大会学術講演梗概集，D-2, pp983-984, 2006

[8] 伊香賀俊治・津田公平・村上周三・隈研吾・本藤祐樹・成田菜採：サステナブル建築のLCAに関する研究(その2)，地場産木材と輸入木材の環境影響の比較，日本建築学会大会学術講演梗概集，D-2, pp985-986, 2006

[9] 津田公平・村上周三・伊香賀俊治・隈研吾・本藤祐樹・成田菜採：現地調査に基づく地場産構造用集成材の環境影響評価，日本建築学会技術報告集，**24**, pp249-253, 2006

[10] K. Tsuda, S.Murakami, T. Ikaga, K. Kuma, H. Hodo, N. Narita : Environmental Impact Assessment of Local Structural Glued Laminated Timber based on Field Survey, *The Seventh International Conference on EcoBalance*, 2006

5章

生命のボトムアップ的デザイン原理に学ぶロボティクスデザイン

慶應義塾大学　**前野隆司**

5.1　ボトムアップデザインとは

　人生（life）の目的は何だろうか？　私は，人生には，根源的な目的はないと思う．いや，夢を叶えることが目的だ，あるいは，楽しく生きること自体が目的だ，世のために尽くすことが目的だ，等々，いろいろなことをおっしゃる方がおられるが，そうではないのではなかろうか．それらは，その人が自ら創造して設定した目的に過ぎないというべきではないだろうか．いや，子孫を残すことが目的だ，とおっしゃる方がおられるが，それも根源的な目的とはいえない．ある生物種の子孫が繁栄したからといって，そのことに何らかの根源的意味があるわけではない．これも人が自ら創造した人類の目的（の仮説）に過ぎない．

　つまり，生物の生命（life）現象に対して，あらかじめ定められた目的ないしは外部から与えられたトップダウンの目的は存在しないと考えるべきだと私は考える（創造主のようなトップダウン的存在がいなければ，の話だが．宗教の話はここでは置いておこう）．では，生命（または人生）の目的とはどのようなものなのかというと，生命というシステムの内部で自己言及的に生成されたものなのだと言える．また，人はただ生きているだけ，社会はただ人が集まっているだけであり，その秩序は，外部からコントロールされた結果として形成されたのではなく，システムの内部でボトムアップ的に自己組織化されたものなのだと言える．言い換えれば，生命（または人生）は，それを構成する個々の要素の相互作用により全体システムの秩序が形成されるボトムアップ的デザイン原理に支配されているからこそ，創発的・ゲシュタルト的なおもしろさを維持しているのだと言うことができる．

　一方，従来の人工物のデザイン（構造デザイン）では，対象とする人工物の

機能と用途に応じてデザインの目的や仕様があらかじめ設計者によりトップダウンに与えられる．このようなやり方は，対象とする人工物のデザイン方法と使途が明確な場合には有効である．しかし，設計者の知識や能力によって規定された探索範囲内にデザイン解空間が限定されてしまうため，生物の進化や適応のような創発的ダイナミズムは期待できない．また，未知環境で使われるロボットのように，非構造化環境に適応する必要のある人工物のデザインには適用困難な場合が多い．このため，目的関数と解空間が多様で，発展の方向性が明確とはいえないような人工物のデザインを行う際に，生命のボトムアップ的デザイン原理に学ぶこと（言い換えれば，"人工システムのデザインを生命化すること"[1]）に大きな意義があると考えられる．

誤解のないように付記しておくが，トップダウンのデザインはだめだからすべて逆さにせよ，と言っているのではない．トップダウン的な手法と，物事を反対から見るボトムアップ的な発想を併用することの重要性を主張しているのである．

筆者は，これまで，生命に学ぶアクチュエータ・センサ・ロボットのボトムアップデザインに関する研究を行ってきた．本章ではその一部を紹介する．

5.2 形と運動生成のボトムアップデザイン

人工物をデザインする際に，生物の形態ではなく，生命システム自体のあり方にこそ学ぶべきだという論点が本書の主題である．

単に形態に学ぶだけのバイオミメティクスには限界がある．魚や鳥の形状・構造・運動・行動といった表面的な特徴に学ぶだけでは，船や飛行機はデザインできない．結果として表出する特徴ではなく，それを生み出す原因に学ぶことが重要である．では，これらの表面的特徴は何に起因するのだろうか．

図 5.1 に示したように，生物の形状・構造・運動・行動といった特徴は，生命の二つの性質の結果として表出される．すなわち，柔軟性・自律分散性・冗長性・階層性といった静的な性質と，適応・形態形成・自己組織化・成長・進化といった動的な性質である．これらの性質は，従来の人工物が，集中管理的にデザインされ，適応・進化困難であったことと対照的である．では，これら二つの生命的特徴は何に起因するのだろうか．

それは，生命のデザインがボトムアップ的であるという点に集約されよう．

図 5.1 に描いた生命の特徴は，すべてボトムアップ的デザイン原理から導き出された特徴であるということができる．

図 5.2 に，従来の人工物のデザインと，生命のデザインの比較図を示す．図 5.2 (a) に描いたように，人工物のデザインはトップダウン的である．たとえばロボットをデザインする場合，個々の部品はその部品専門の設計者によりデザインされる．ロボットの設計者はそれぞれの部品のデザイン法や内部の原理を知らなくても，それらを組み合わせて使う方法を知っていればよい．それぞれの設計者の分担範囲には明確な境界があり，デザイン対象である部品やシステムの間の境界も明確である．もちろん，設計者間のコラボレーションにより，境界に相互乗り入れが行われる結果，ボトムアップ的にデザイン解が改善されることはあるものの，それぞれの設計者が全員のコンセプトに完全に関与するというようなことはありえない．個々の設計者というトップダウンの存在の意思により，あらかじめ設定された個々のデザイン目的や仕様に合致したデザインが行われるのが普通である．この結果，システム全体の最適性はある程度犠牲にならざるを得ない．

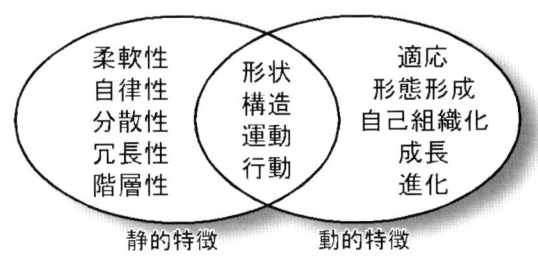

図 5.1　生命の何に学ぶか？

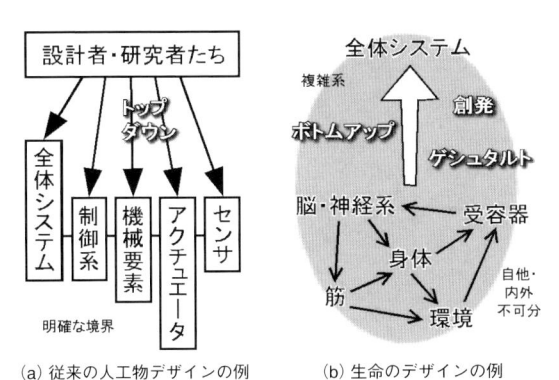

図 5.2　従来の人工物設計と生命の設計

5.2　形と運動生成のボトムアップデザイン

一方，生物のデザインはボトムアップ的である．コンピュータ（脳・神経系）やアクチュエータ（筋），センサ（受容器）が部品として単体でデザインされることはない．また，生物の個体そのものが環境条件と独立に単独でデザインされることもない．生物では，脳・神経系も筋も受容器も身体も，環境条件に応じて同時にボトムアップ的にデザインされるのである．すべては完全に関わりあっていて，全体システムの動的平衡状態として解が得られている．このように，システムを構成する個々の要素間の非線形相互作用により全体システムの秩序が形成され，全体システムの振舞いが個々の要素の機能や性質に影響を及ぼすようなシステムを，創発系と呼ぶ．また，非線形相互作用の結果として生じる全体システムの振舞いがカオティックである点に着目する場合には，複雑系と呼ぶ．

　筆者が行った，アオムシ，シャクトリムシ，ミミズの移動のしかたのデザインの研究について述べよう．これらの生物は，いずれも体節の繰り返し構造から成る細長く柔軟な身体を持ち，縦走筋と環状筋の拮抗関係により体の形状と剛性を変化させる．興味深いことに，アオムシ，シャクトリムシ，ミミズの移動様式はいずれも異なる．図5.3(a)に示したように，ミミズは太さ変化を後方に伝播する蠕動運動により前進するのに対し，アオムシは体の一部を少しだけ持ち上げる曲げ運動を前方に伝播することにより前進する．また，ミミズ，アオムシがそれぞれ後退波または進行波を利用するのと違って，シャクトリムシは曲げの定在波により前進する．すなわち，体全体を同時に曲げたり伸ばしたりしながら前進する．

　いずれも細長く柔軟な生物であるのに，なぜこのような移動様式の違いが生じたのであろうか．この疑問を解明するために，筆者らは柔軟細長生物に運動パターンを創発的に獲得させるシミュレーションを行った[2]．すなわち，図5.4のように，柔軟細長生物を多リンク系にモデル化した．まず，縦走筋と環状筋をモデル化し，体壁内の液体の代わりに剛体リンクを配することにより，二つの筋の力学的拮抗関係を表現し

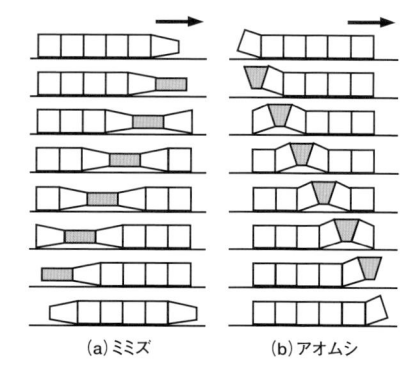

図5.3　ミミズとアオムシの移動パターン
(a)ミミズ　(b)アオムシ

た．また，各体節ごとにフーリエ級数で表されるリズム生成器を配した．フーリエ級数の係数を変化させれば柔軟細長生物が任意の運動を行えるので，これをデザイン変数とした．このモデルに対し，移動距離が最大の個体が生き残るという評価関数のもとで遺伝的アルゴリズムによる準最適化計算を行った．すなわち，適切な運動パターンを進化的に獲得した個体が生き残るような条件下で解を探索した．

柔軟細長生物の体の剛性を3水準に変化させて，遺伝的アルゴリズムによる準最適化計算を行った結果を図 5.5 (a) ～ (c) に示す．図より，剛性の小さいモデルでは太さ変化の後退波を伝播するミミズ型の移動形態が，剛性が中くらいのモデルでは曲げ前進波を伝播するアオムシ型の移動形態が，剛性の大きいモデルでは伸縮の定在波を利用し体を持ち上げて移動するシャクトリムシ型の移動形態が，それぞれ獲得されていることがわかる．また，実際にミミズ，アオムシ，シャクトリムシを引っ張り試験してみた結果，剛性は，

ミミズ＜アオムシ＜シャクトリムシ

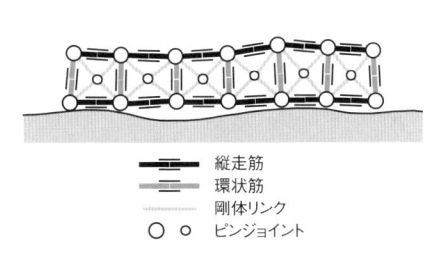

図 5.4　柔軟細長動物の多リンクモデル

図 5.5　柔軟細長動物の移動パターンの進化的計算結果

5.2　形と運動生成のボトムアップデザイン

の順になっていた．これより，それぞれの柔軟細長生物は，それぞれの体の剛性に適合した運動パターンを進化的に獲得したということができる．

　また，剛性が中程度のモデル（図 5.5 (b)）に，管路内で移動するという条件下で運動パターンを探索させたところ，太さ変化の後退波を伝播するミミズ型の移動形態が得られた．平らな地面の上ではアオムシ型の移動運動を行っていたモデルが，管路内ではミミズ型の移動運動を呈したという現象は，それぞれの生物が運動パターンをボトムアップ的に獲得する際には，身体条件のみならず，環境条件が重要であることを表しているものと考えられる．

　以上に，生物の形態・運動パターン・神経発火パターン・環境条件が同時にボトムアップ的にデザインされていることの例を述べた．このように，生物のシステムデザインにおいては，トップダウンに解候補が提示されていなくても，環境条件や身体条件に合致したデザイン解が創発的かつボトムアップ的に得られている．このような生命的デザイン原理を，ロボットのような人工物デザインに適用すれば，設計者が思いつきうる範囲を超えた創発的かつロバストな解が求まる可能性があると考えられる．

　そもそも，アクチュエータ，センサ，構造部材，軸受といったロボットの構成要素は，生物のそれとは機能も構造も大きく異なる．したがって，ロボット全体のデザインも，本来は，ヘビ型，魚型，ヒト型のような表面的生物模倣型ではなく，ロボットの構成要素に合致した"ロボットらしい"ロボットとなるべきであろう．ところが，従来のロボットは，ロボットのために用いることができる構成要素の組み合わせ最適化問題としての最適デザインが行われていなかったため，十分に"ロボットらしい"とは言えなかったと考えられる．このため，筆者らは，「ロボットの，ロボットによる，ロボットのためのデザイン」を目指した研究を行っている．人間というトップダウンの設計者の奴隷であったロボットを解放する試みである（ちなみにロボットの語源は奴隷）．

　図 5.6 に研究例を示す．図 5.6 は，遺伝的プログラミングを用いて，リンク型ロボットの形態と運動パターンを同時に進化的に求めた例である [3]．ロボットの形状は，平面内で任意の位相構造を獲得することのできる 2 次元リンク型とした．このようなロボットを選択した理由は，身体と神経系の形態と運動パターンが環境に応じて創発的にデザインできることを示すことのできる単純なロボットであるからである．神経系とリンクの接続関係を Lisp 言語のように木構造で表現し，そのパラメータを遺伝子として，なるべくエネルギーを使わずに一定の時間内に最も遠くまで移動できるロボットを求めた．図 5.6 は解

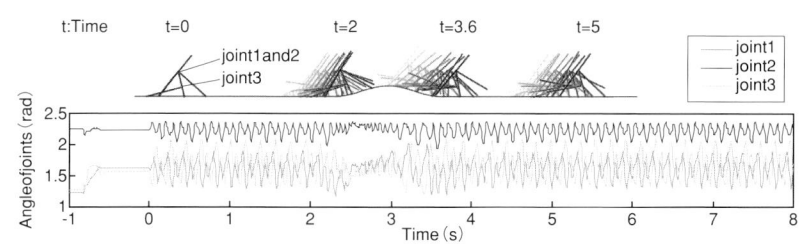

図 5.6 遺伝的プログラミングにより創発した 2 次元リンク型移動ロボットのトポロジーと移動パターン

の一例であり，思いもよらないユニークな形状のロボットが，平面内および正弦波状の段差を乗り越えて進んでいる様子がわかる．多峰性のある解空間の中から進化的計算によりボトムアップ的に解を探索したことにより，設計者が意図した枠内のデザインを行うトップダウン的手法では得られないようなユニークな解が得られている．なお，本ロボットに用いるアクチュエータや構造部材の出力や物性値は，実際に作製することを前提として与えているため，計算機上で求まったデザイン解形状のロボットを実際に作成することが容易である．つまり，人工生命の分野でこれまで使われてきた手法を，ハードウエアとして実現可能なロボットに適用した例であるということができる．

同様な考え方を二足歩行ロボットに適用した例を図 5.7 に示す [4]，[5]．アクチュエータのサイズや出力パワーを制約条件として与え，最も効率的に速く歩けるロボットの身体・神経系構造と運動パターンを同時に獲得させた結果，図のようにスムーズな歩容で歩行できるロボットの形状と歩行パターンが求められている．気負った言い方をすれば，設計者がロボットの形状や歩行パターンを与えるのではなく，二足歩行ロボット自身が自身の形態と運動パターンを獲得したという研究は，他に例を見ない．この手法を拡張し，さまざまなアクチュエータ，センサ，機械要素を選択できるようにするとともに，単に効率よく歩行するだけでなく，環境変化に応じた解決定の多義性やロバスト性などを獲得させれば，ヒトを模倣した従来のヒューマノイドロボットを越えた，"ロボットらしい"形態と運動パターンをロボット自身が創発するメタ・ヒューマノイドロボットの開発が可能になると考えている．

(a) 前額面

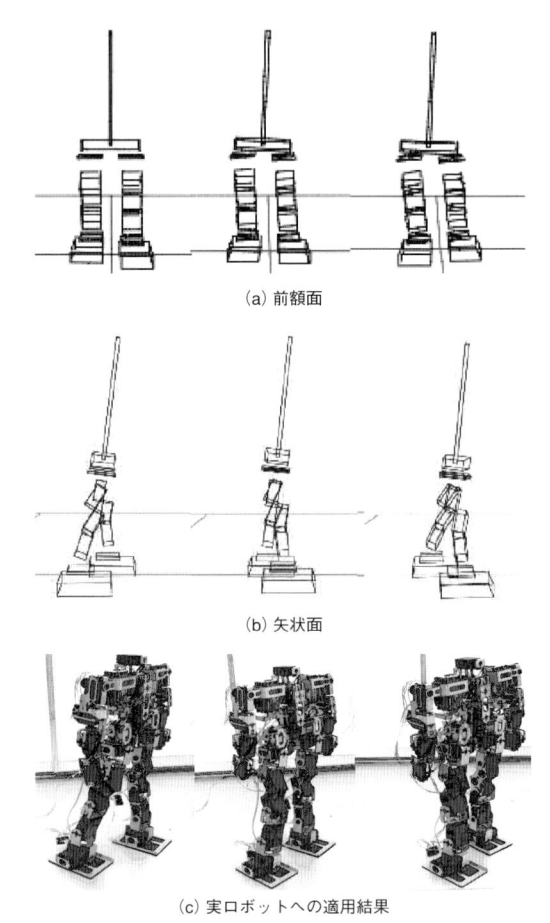

(b) 矢状面

(c) 実ロボットへの適用結果

図 5.7　遺伝的アルゴリズムにより創発した二足歩行ロボット（PINO）の体形と歩行パターン

5.3　運動制御のボトムアップデザイン

　5.2 節では，生物やロボットの身体のボトムアップデザインについて述べた．この節では，ロボットの制御のボトムアップデザインについて述べる．

　旧来の人工物制御は一般に中央集中管理的かつトップダウンに行われるが，生物の制御は自律分散的かつボトムアップ的である．生命の特徴のひとつとして，ボトムアップ的な構造により変動する環境にしたたかに適応してきたという点が挙げられる．したがって，自律分散的かつボトムアップな制御系を用い

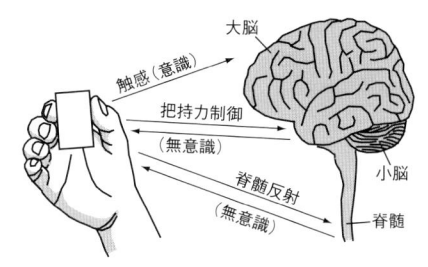

図 5.8　三つの触覚

れば，変動する環境下においても自律的・適応的な制御が行えるものと考えられる．

たとえば，触覚情報は，図 5.8 に示したように中枢神経系により分散的に処理されている．すなわち，つるつる，ざらざらといったテクスチャは大脳新皮質の体性感覚野で処理される結果，質感はヒトの心に意識される．一方，重さや摩擦係数が未知の物体を把持し持ち上げる把持力制御は脳幹や中脳で無意識的に制御される．痛い，熱いといった刺激に対する反射は，やはり無意識的に脊髄で制御される [6]．このように，触覚というひとつの感覚について考えてみても，ヒトは階層的・自律分散的な制御をボトムアップ的・並列的に行っていることがわかる．

無意識的・反射的なヒトの制御を人間・機械協調系に陽に取り込むことの一例として，筆者らは，物体と接触した指表面の固着・滑り分布をヒトに呈示することにより，ヒトの無意識的な把持力制御を誘発する局所滑り覚ディスプレイ（触ミラー）の研究開発を行ってきた [7]，[8]，[9]．

ヒトは，図 5.9 に示したような，接触面の局所滑り領域を無意識下でモニタし，局所滑り領域が拡大しつつあるときには無意識的（反射的）に法線力（把持力）を増大させて全体的な滑りを回避する一方，局所滑り領域が小さいときにはあまり法線力を加えないような把持力制御を（やはり無意識的に）行い，物体を握りつぶしてしまうことを回避している．このため，たとえば，図 5.10 に示した静摩擦覚ディスプレイ（触ミラー）の研究 [8] では，触覚センサにより接触面の固着・滑り情報をモニタし，X 軸ステージにより固着・滑り分布を任意の範囲に制御した．つまり，接触端部の局所滑り領域が大きい"滑りそうな"状態や，逆に局所滑り領域が小さい"滑りにくい"状態を作り出すことができた．この結果，ヒトは，無意識下で把持力を調整し，対象物を握り落とさないような制御を行うことを確認した．

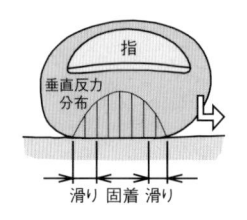

図 5.9 接触面の固着・滑り分布 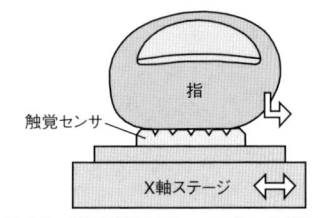   **図 5.10** 静摩擦覚ディスプレイ（触ミラー）

　このような触覚ディスプレイをマスター装置とし，固着・滑り状態を検出できる触覚センサをスレーブ装置として遠隔触覚伝送装置を構築すれば，ヒトの無自覚的（無意識的）な制御を人工物の制御に組み込むことができる．言い換えれば，ヒトに無意識的かつ反射的に人工物の制御を行わせるような新たな人間・機械協調系を構成することができる．すなわち，ヒトは，遠隔ロボットの触覚センサが滑りやすいものを触っているのか，滑りにくいものを触っているのか，という違いを，滑り領域の割合という情報として無意識下で受け取り，無意識のうちに把持力のフィードバック制御を行うと考えられる．

　また，筆者らは，ヒトに閾下の振動刺激を呈示すれば，ヒトは刺激を受けたことを意識しないにもかかわらず，反射的な把持力調整を行うことを確認する研究も行っている[10]．

　人工物のために人間の側が変えられてきた，という歴史的事実を，従来，人間工学などの分野では否定的に捉えてきた．自動車が普及したから道路を平らで広くして歩行者を脇役に追いやらざるを得なかった，というように．だから道具のデザインはもっと人間にとって使い勝手が良くなければならない，という主張である．これに対し，私が行っていることは，「人工物のための人間」という視点をもっと積極的に捉えて良いのではないか，「人間のための人工物」という視点に執着するのみの時代は終わったのではないか，という指摘なのである．いわば，ヒトのためのロボットから，ロボットのためのヒトへ，である．このような双方向的な視点からボトムアップに社会空間や地球空間を捉えることが，生命系全体のデザイン論につながると考えられる．

　また，図 5.11 に示した，随意運動による反射運動の抑制を模倣したロボットハンドの把持・操り制御の研究[11]，[12]では，ヒトの階層制御に学んだ新たな人工物制御法を提案している．すなわち，対象物を滑り落とさないことを目的とする反射的（無意識的）な把持力制御系と，物体を持ち替えるという随意的（意識的）な制御を行う操り制御系を，階層的に構成している．ヒトの

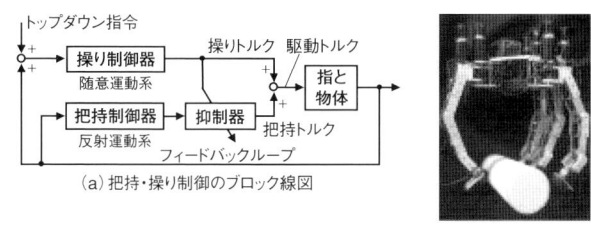

図 5.11　随意運動による反射運動の抑制に学ぶ把持と操りの制御

神経系は，随意運動制御系から反射運動制御系への抑制的なパスを有することが知られているので，図 5.11 では，上位の操り制御系が下位の把持力制御系を抑制する抑制器を構築している．つまり，物体を持ち替えるという操り運動を行う際には，物体から指を離す制御の邪魔をする働きがある反射的な把持力の安定制御機能を抑制し，一時的な不安定的状態を生成することによって，持ち替えを実現するのである．このような制御系を用いれば，コップに水を入れる場合や，物体に外乱が加わる場合のように，環境変動が生じた場合に，反射的・無意識的把持力制御器が対応できるため，ロボットハンドにロバストネス性を付加することができる．

　以上のように，集中管理的・トップダウン的な従来型人工物制御系と異なる，分散的・ボトムアップ的な生命的制御系のデザインが有効であることを述べた．このような制御系は，Brooks のサブサンプションアーキテクチャ [13] のような分散的な考え方の拡張ということができる．

5.4　心のボトムアップデザイン

　Brooks のサブサンプションアーキテクチャは，従来のトップダウン的制御系と異なり，反射的かつ自律分散的な制御系を組み合わせることにより昆虫のような行動を生成できることを示したため，発表当時は大きな脚光を浴びた．しかし，そのような制御系はヒトの知的制御のような複雑な制御には適用できない，という批判を浴び，現在ではあまり注目されていないように思われる．しかし，本当にそうであろうか．5.3 節で述べた階層的な制御系を拡張すると，実は，ヒトの心をも説明できるのではないだろうか．私は，従来ヒトの行動制御の中心であると思われてきた「意識」を受動的なシステムと捉えることによ

り，反射的・自律分散的な制御の考え方を心のアーキテクチャに拡張できると考えている [14], [15].

　心は「知」「情」「意」「記憶と学習」「意識」より構成されると言われているが，一般に「意識」は「知」「情」「意」や「記憶」に対し「注意」を向けるトップダウンの存在であると考えられてきた．従来の心のイメージ図を図 5.12 に示す．図 5.12 では，「意識」は「注意」を向けた対象に応じてその有効範囲を破線の範囲内で変幻自在に変えることのできる存在である．このような「意識」は脳内のあらゆる情報処理に注意を向け理解することのできる存在でなければならない．つまり，「意識」はあらゆる情報をバインディングできる（結び付けられる）万能な存在でなければならないことになる．このような「意識」はデザイン困難である．このため，何千年もの間，「意識」は謎だと言われ続けてきた．

　これに対し，筆者らの心のモデルでは，図 5.13 に示したように，「意識」は「無意識」下の自律分散的・ボトムアップ的・無目的的情報処理結果を受け取り，それをあたかも自分が行ったかのように錯覚し，単一の自己の経験として体験した後にエピソード記憶するための受動的・追従的なシステムであると考える．このように考えると，従来「心」の謎であるといわれてきたバインディング問題，フレーム問題，意識の自己言及性の問題を解決できるのみならず，なぜ，なんのために哺乳類の意識は生じたのか，という疑問や，独我論が問題

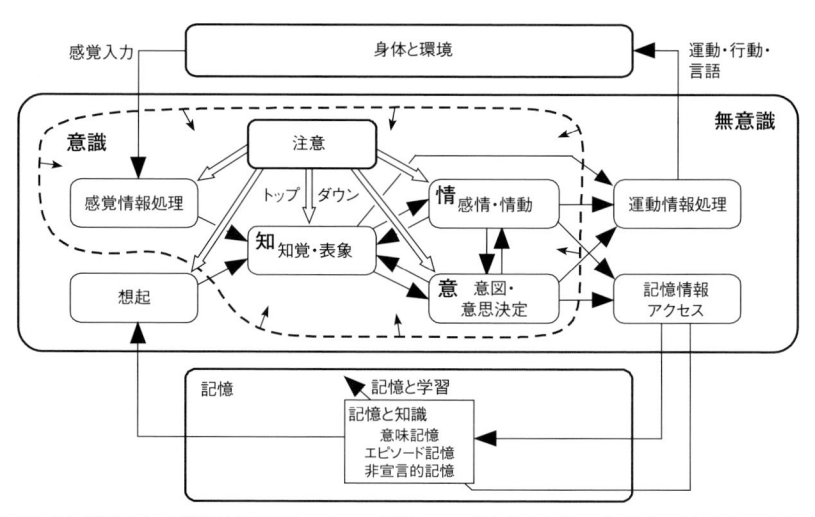

図 5.12　「無意識」との境界が不明確でトップダウンに「注意」を払った部分に注目する「意識」を仮定する従来の心のモデル

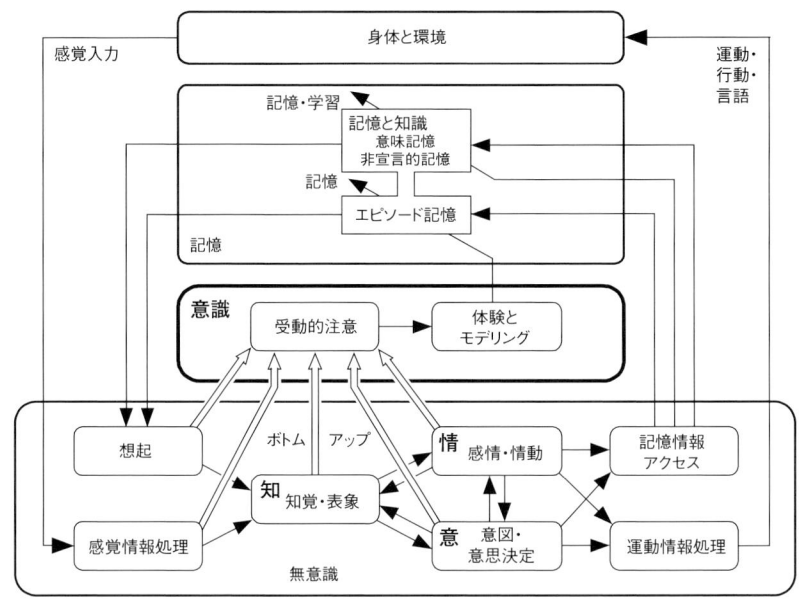

図5.13 「意識」の外にある「無意識」の自律分散計算結果にボトムアップに「注意」を払う受動的な「意識」を仮定する心のモデル

にしてきた〈私〉(自己意識のクオリア)の問題にも答えを見出すことができる[13]．また，ロボットの脳であるコンピュータに意識の機能を持った生命的・無目的的「心」を作り出すことも困難ではないと考えられる[15]．もちろん，現象的意識の問題は未解決問題として残されるのであるが，筆者は，ヒトの意識のクオリアも幻想であるという一種の消去主義に立脚すれば，現象的な意識の問題も解決可能なのではないかと考えている[16]．意識を持ったロボットを作ることは今後の課題であるものの，究極の謎であると思われてきた「意識」の問題がボトムアップ的デザイン原理により説明できるという点は，生命規範型ロボティクスの大きな発展可能性を示唆するものであると考えている．

生命のデザインは，身体も制御系も心も，ボトムアップ的構成原理に基づいていることを述べた．また，生命のデザイン法に学べば，ロボットなどの人工物を生命的にできることの例を述べた．今後，生命的・ボトムアップ的なデザイン論が，トップダウン的な手法とともに，車の両輪となって発展することを期待したい．

参考文献

[1] 吉田和夫他：『生命に学ぶシステムデザイン―知能化から生命化へのパラダイムシフト』，コロナ社，2008

[2] 江淵智浩・土屋学・前野隆司・山崎信寿：波動伝播に基づく移動機構の研究（第三報，柔軟生物の構造・環境・移動パターンの関係），日本機械学会論文集，**68**，pp. 920-926，2002

[3] 遠藤謙・川内野明洋・前野隆司：進化的計算法を用いたリンク型移動ロボットの形態と運動パターンのデザイン法，日本ロボット学会誌，**22**，pp. 273-280，2004

[4] K. Endo, T. Maeno and H. Kitano, Co-evolution of Morphology and Walking Pattern of Biped Humanoid Robot using Evolutionary Computation -Evolutionary Designing Method and its Evaluation-, *Proc. IEEE/RSJ Intl. Conference on Intelligent Robots and Systems*, pp. 340-345, 2003

[5] 遠藤謙・北野宏明・古田貴之・前野隆司：2足歩行ロボットの進化的設計：サーボモジュールの実装と実ロボットへの適用，日本機械学会ロボティクス・メカトロニクス講演会'04 講演論文集，1A1-L1-54，2004

[6] 前野隆司：システムとしての触覚に学ぶ，日本機械学会誌，**109**，pp. 269-272，2006

[7] 前野隆司：触覚のモデリングと有限要素解析，日本バーチャルリアリティー学会誌，**9**，pp. 72-77, 2004

[8] Isao Fujimoto, Yoji Yamada and Takashi Maeno: Tetsuya Morizono and Yoji Umetani, Study on A "Tactile Mirror" for Displaying Static Friction Sensation with Tactile Perception Feedback, *Proc. IEEE International Conference on Robotics and Automation*, pp. 1233-1238, 2004

[9] 毛利優之・前野隆司・山田陽滋：局所滑りディスプレイを用いたヒト下位中枢への「滑りそう」な触感の呈示法，日本機械学会ロボティクス・メカトロニクス講演会'04 講演論文集，1A1-H-34，2004

[10] 昆陽雅司・中本雅崇・前野隆司・田所諭：ICPFアクチュエータを用いたヒト指腹部への分布振動刺激に基づく把持力調整反射の誘発，日本バーチャルリアリティー学会論文誌，**11**，pp. 3-10，2006

[11] K. Imazeki and T. Maeno: Hierarchical Control Method for Manipulating/Grasping Tasks using Multi-fingered Robot Hand, *Proc. IEEE/RSJ Intl. Conference on Intelligent Robots and Systems*, pp. 3686-3691, 2003

[12] 今関一飛・前野隆司：随意運動による反射運動の抑制を模倣したロボットハンドの把持・操り制御，日本機械学会ロボティクス・メカトロニクス講演会'04 講演論文集，2A1-L1-12，2004

[13] R. A. Brooks: A Robust Layered Control System for a Mobile Robot. *IEEE Journal of Robotics and Automation.*, **2**, pp. 14-23. 1986

[14] 前野隆司：『脳はなぜ「心」を作ったのか―「私」の謎を解く受動意識仮説』，筑摩書房，2004

[15] 前野隆司：ロボットの心の作り方（受動意識仮説に基づく基本概念の提案），日本ロボット学会，**23**，pp. 51-62，2005

[16] 前野隆司：『錯覚する脳―「おいしい」も「痛い」も幻想だった』，筑摩書房，2007

6章
意味・生命システムに学ぶ環境親和型デザイン

京都大学　**門内輝行**

6.1 人間と環境との融合をめざす環境親和型デザイン ——事物のデザインから関係のデザインへ

　20世紀は，科学技術の飛躍的発展に伴い，人類の生活が大きく変化した時代である．デザインの観点から特筆すべきことは，工業先進国では，自然物中心の生活が人工物中心の生活に移行したことである．

　そこでは，多くの人びとが物質的に恵まれていると感じる社会が構築されてきたが，その反面，大量に供給された人工物が人びとの欲求を刺激し，それに駆動された資本主義経済のメカニズムによって過剰な人工物生産が行われ，日常生活のあらゆる場面に人工物が入り込むことになった．そして，閉じた建物の中で体調を崩しながらかけ続けているクーラー，大気汚染を引き起こし，子どもたちの安全な遊び場を奪う自動車，大量の廃棄物などの人工物による歪みが集積し，美しい都市景観やかけがえのない地球環境の破壊といった人類の未来に深刻な影響を及ぼす問題群が顕在化してきたのである．

　現在，わが国では政治・経済・社会のシステムが至るところで綻びを見せるようになり，構造改革や都市再生の試みが推進されているが，事態は改善されているとは思えない．今日の問題は，経済的な豊かさを追求する「工業社会」が行き詰まっていることの現れとして理解すべきである．すなわち，大量採取・大量廃棄による自然環境の破壊や，大量生産・大量消費による地域文化の喪失をもたらすことから，地球環境や人間生活の持続可能性を維持することができないことがわかる．

　これに対して21世紀は，工業社会で失われた自然環境や文化環境の回復から始めるべきであり，その意味で，「環境の世紀」と呼べるであろう．環境の世紀を主導する社会は，豊かな生命と暮らしを育むことをめざして，自然との

共生や人間相互の絆を大切にする社会であり，情報・知識が重要な役割を果たす「知識社会」である．

ここで注目すべきは，工業社会では生産機能が重視され，生活機能がそれに追随してきたが，知識社会では事情が一変することである．自然と共生する美しい景観をもつ快適な環境が形成されると，そこに優秀な人材が集まり，彼らを求めて情報・サービス産業が集積する．つまり，知識社会では生活機能が都市再生の鍵を握ることになる．生活機能を重視した都市再生戦略は，地方都市の都市再生をも可能にする．伝統や文化に根ざした都市再生は，国際的魅力の形成にもなるからである [1]．

このようにマクロな視点から見ると，21世紀を迎えた現在，デザインという営みには，人工物を創り出すデザインから，人工物と人間・環境との関係を大切にするデザインへと質的転換が求められているのである．

本章では，こうした新しいタイプの"もうひとつのデザイン"を「環境親和型デザイン」と呼び，建築・都市における環境親和型デザインの可能性を探求する．そのために，まず環境親和型デザインの概念を検討し，次いで意味を扱う「記号論」(semiotics)の視点から，人工物をめぐる多様な関係を把握するとともに，生命システムとの融合を図る視点から，豊かな生命と暮らしを育む生活環境(人工物と自然物の集合)をデザインする可能性を検討する．

それをふまえて，環境親和型デザインの事例として，自然物から人工物に至る多種多様要素の集合からなる「都市景観」を取りあげ，魅力的な景観や空間が備えるべき条件を抽出する．また，建築と都市とをダイナミックに関連づける「都市構造」(ミクロな近隣空間やマクロな都市空間を含む)の仕組みについて考察する．

さらに，環境親和型デザインでは，デザインプロセスそのものの革新が不可欠であることを示す．環境デザインの目標は，事物としての環境をつくることではなく，そこで生活する人間と環境との間に生き生きとした応答関係を形成することにあるが，それは環境を使用する人間の能動的役割を無視しては実現しないからである．

最後に，本稿で提示する「環境親和型デザイン」が，人工システムと意味・生命システムとを統合することによって定式化できることに言及する．

6.2 環境親和型デザインの構想

6.2.1 人間−環境系の多層性

　大量生産・大量消費の時代を通じて，身の回りには人工物が溢れ，人工物の集合が環境そのものを形成し，人間存在のあり方を規定するようになっている．

　「環境」の概念は多義的であるから，筆者は便宜的に次の四つに分けて考えることにしている．人間はまず何よりも，①自然環境（Natural Environment）の中に生存しており，次いで集団で生きるほかはないことから，②社会−文化環境（Socio-cultural Environment）（対人的環境）の中で暮らしている．そして，多種多様な物理的機能を実現し，社会−文化環境を表現するために，③構築環境（Built Environment）（人工環境）を形成している．さらに最近では，④情報環境（Information Environment）がもう一つの環境として注目されるようになっている．このように，人間は同時にいくつもの異なるレベルの環境に重層的に包まれて生きているのである [2]．（図6.1）

　このとき，魅力的な生活環境では，①〜④が相互に調和していること，自然システム（生態系）と人工システムとが融合していることに留意したい．たとえば，ゴシックの教会堂（③）は，街の建設により失われた森林の代償風景であり，樹木を思わせる林立する柱，木漏れ日を連想させるステンドグラスからの光があり，自然環境との調和が意図されている（①）．その中ではキリスト教文化圏における社会生活が営まれ（②），文化的なコミュニケーションの場としても機能している（④）．（図6.2）

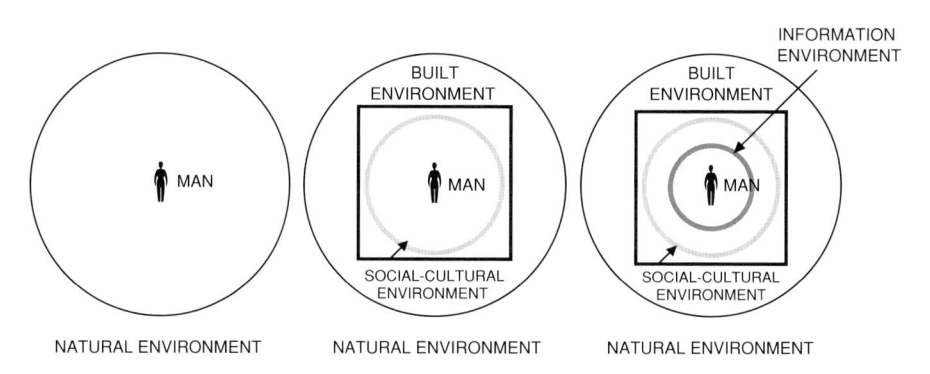

図6.1　人間−環境系の多層性
(Craik, K.H. and Zube, E.H.（eds.）, *Perceiving Environmental Quality*, pp.106-108, Plenum Press, 1976 の図に加筆.)

これらの環境は，学問的には異なる領域で扱われる．すなわち，①は物理学・化学・生物学・生態学・地学，②は社会学・心理学・経済学・法学・人類学・言語学，③は建築学・土木工学・都市工学・機械工学，④は認知科学・情報科学などの諸領域が関与する．人間はすべての環境から影響を受けることから，環境親和型デザインでは，横断領域的なアプローチが不可欠となる．

6.2.2 デザインの質的転換

産業革命以後の工業化の進展に伴い，人工物の設計・生産の能力は飛躍的に増大し，生活上のニーズは量的にほぼ充足され，先進国の人々の関心は人工物の機能・性能から意味・価値へと広がっており，「量的充足」よりも「質的満足」がデザインの目標となっている．

図 6.2 ゴシック様式の聖シュテファン教会堂（ウィーン）

さらに，生活の質を低下させる多くの問題は，化学物質に汚染されたシックハウス，自動車の騒音に悩まされる住宅，自然から遮断された建物，多様な生物の生息を妨げるコンクリートジャングルなどに見られるように，人工物相互の関係や人工物と人間・環境との関係がデザインされていないところから生じている．今日のデザインの課題は，単なる「事物のデザイン」にとどまらず，人工物相互の関係，人工物と人間・環境との関係といった「関係のデザイン」を展開することである．

「環境親和型デザイン」とは，以上のような要件を満たす新たなデザイン概念である．

6.3 人間－環境系のセミオーシス

6.3.1 環境親和型デザインの役割

環境親和型デザインでは，新たな人工物を創出するだけでなく，人工物を媒

介として「人間と環境との関係に変化をもたらす」ことに関心を払う[3].

　ここで留意すべきは，与えられた要求条件を満たすだけでなく，快適性，安全性，環境への配慮など，デザインの表面に現れない隠れた条件を扱わなければならないことである．このことを端的に表しているのが，環境問題との関わりを意識したライフサイクルデザインや，高齢者・障害者をはじめとする多様な人間にとって使いやすい人工物をつくり出すユニバーサルデザインへの関心の高まりである．今日のデザインでは，環境や社会の制約条件などを考慮して，より幅広い（明示されていない）要求を質的に満足するデザインが求められている．

　デザイン対象を人工物（事物）から人間−環境系（事物を含む関係）にシフトすることにより，デザインの営みは大きく拡張される．既存のものを維持・保存・再生することや，新たな使い方・価値を発見することも，デザイン行為として位置づけられるし，何もつくらないことも，すでにあるものを撤去することさえもデザインの選択肢に含まれる．ここでは，「いかにつくるか」というだけではなく，「何をつくるか」を問うところから問題に取り組むことが求められる．

6.3.2　人間−環境系のデザインへの記号論的アプローチ

　人間−環境系は，多種多様な要素からなる複雑なシステムであり，何よりも人間を要素として含むダイナミックなシステムである．それを人間にとって望ましい方向に導くためには，ある特定の状況の中で，時とともに変化する人間と環境との関係を適切に把握し，それをふまえて，意味づけられたもの，生命あるものとして人工物をデザインしていく必要がある．

　筆者は，人工物相互の関係や人工物と人間・環境との関係を解読し，それに基づく意味づけられた人間−環境系としての生活環境をデザインするために，意味を生成し，解読するプロセスである「セミオーシス」(semiosis)（「記号現象」もしくは「記号過程」）に焦点を結ぶ「記号論」(semiotics) の視点から，人間−環境系のデザインへのアプローチを展開してきた．

● セミオーシス

　「セミオーシス」という耳慣れない概念を創出したのは，アメリカの哲学者C.S.パース (Charles Sanders Peirce) である．彼は，すべての現象を分類できる普遍的な三つのカテゴリーとして，「一次性」(firstness)，「二次性」(secondness)，

「三次性」(thirdness) という一風変わった概念を導き出している [4] (CP.8.328).
① 一次性とは，何かそれ自体であり，他のものと関係を持たないようなもののあり方である．
② 二次性とは，何か他のものと関係しているが，いかなる第三のものをも含まないような (実在する) もののあり方である．
③ 三次性とは，第二のものと第三のものを互いに関係づけるような (法則もしくは目的から切り離せない媒介する) もののあり方である．

「一次性・二次性・三次性」というカテゴリーの形式的な表現は，パースによってしばしば「質・関係・表象」(quality, relation, representation)，「可能性・実在・法則」(possibility, existence, law) といった質料的な表現によっても提示される (CP.1.288).

一次性は一項関係，二次性は二項関係，三次性は三項関係という論理的関係であり，きわめて抽象的なカテゴリーであるが，人間－環境系のセミオーシスを分類する必要かつ十分なカテゴリーとして利用できる．

カテゴリーを理解するには，次のような人間分類も示唆に富む．「第一の種類は情態の質を主要なものと考える人々からなる．これらの人々は芸術を創造する．第二の種類は実業を営む実践的な人々からなる．彼らは支配力のほかは何ものも尊重せず，その支配力もそれが実際に行使される限りにおいてのみ尊重する．第三の種類は理性よりも偉大なものはないと考える人々からなる．もし力が彼らの関心をひくとしたら，その力が理性または法則を有する場合に限る．第一の種類の人々にとっては自然は絵であり，第二の種類の人々にとっては機会であり，第三の種類の人々にとっては宇宙である．」(CP.1.43)

ここで大切なことは，パースは森羅万象の中にカテゴリーに基づく三分法的な存在様式を見出し，宇宙におけるいっさいの現象をカオスからコスモスへ，偶然から法則へ，対立から統合へと至る秩序の「生成」(generation) として，あるいは逆の過程を「退化」(degeneration) としてダイナミックに捉えている点である．記号は時間の経過とともに，形態としては同じでも，しばしば異なる意味を担う記号として現象するものであるが，それはこうした記号の生成と退化の現象として理解することができる．たとえば，建築デザインの世界では，かつては自由な精神を表意する記号であった近代建築の幾何学的形態が，ポストモダンの隆盛期には硬直化した制度を表す記号となり，地球環境時代にはその単純で簡明な形態がエコロジーの思想を表意する記号となっている．

● 記号のモデル構造

　パースは，一次性から三次性に至るプロセスを三項関係として捉え，その第一の相手を「記号」(sign)もしくは「表象体」(representamen)，第二の相手を「対象」(object)，第三の相手を「解釈項」(interpretant)として，次のような記号モデルを定式化している．

　「記号，あるいは表象体とは，ある観点もしくはある能力において，誰かに対して何かの代わりとなるものである．それは誰かに話しかける．つまり，その人の心の中に同等の記号，あるいはさらに発展した記号を創り出す．それが創り出す記号を，私は最初の記号の解釈項と呼ぶ．記号はその対象である何ものかの代わりとなる．」(CP 2.228)　これは三項関係として図示できる（図 6.3）．

　この定義によれば，同じものでも観点や能力が違えば，別の記号として現象しうる．たとえば赤信号は《止まれ》の代わりとなる記号であるが，交通法規を知らない人には単なる《赤い丸》であり，急病人を抱える人には《注意して進む》という解釈を創り出すこともある．パースは，解釈項を導入して，主体の能動的役割をクローズアップし，セミオーシスの多層性を捉えている．

　パースによれば，解釈項とは記号が誰かに話しかけ，その人の心の中に創り出す「同等の記号，あるいはさらに発展した記号」である．つまり解釈項も記号であり，それがまた新たな記号である解釈項を生成していくように，われわれの思考は連続的に展開していく．パースによる記号の定義には，無限の記号過程が含まれているのである（図 6.4）．このことは，他の記号に依存せず孤立して出現する記号はないことを意味する [5]．

　パースが指摘する記号の重要な性質に，反復可能性がある．図形で覆われた

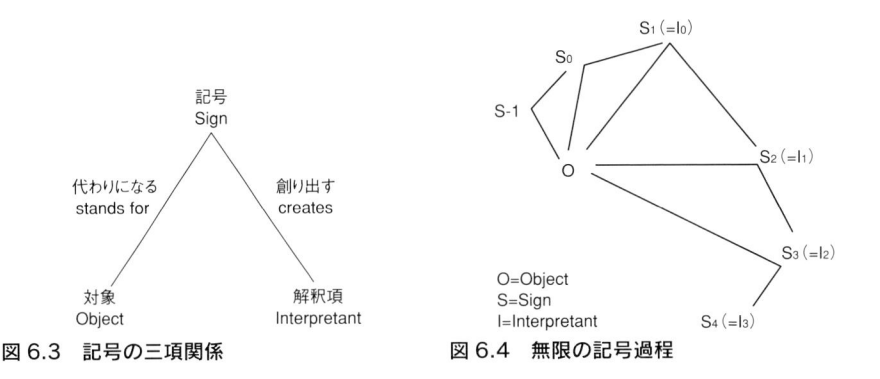

図 6.3　記号の三項関係

図 6.4　無限の記号過程

O=Object
S=Sign
I=Interpretant

6.3　人間－環境系のセミオーシス

碑が発見され，これが文字碑であるか図像芸術であるか不明であるとき，記号の反復可能性が言語的性質を判断する基準になる．反復可能性は，記号の操作を可能にする性質である．

パースはカテゴリーの三分法にしたがって，セミオーシスの側面を「記号それ自体の在り方」「記号とその対象との関係」「記号とその解釈項との関係」に区分し，次のような記号の類型を導出している (CP 2.243-2.253)．

第一に，記号が本質的に単なる質であるのか，現実の実在であるのか，一般的な法則であるのかにしたがって，記号は「性質記号」(qualisign)，「単一記号」(sinsign)，「法則記号」(legisign) と呼ばれる*．

第二に，記号とその対象との関係が，記号が自分自身の中にある特性を持っていることによるのか，その対象との実在的な関係によるのか，その解釈項との関係によるのかにしたがって，記号は「類似記号」(icon)，「指標記号」(index)，「象徴記号」(symbol) と呼ばれる**．

第三に，その解釈項が記号を可能性の記号として表象するのか，事実の記号として表象するのか，理性の記号として表象するのかにしたがって，記号は「名辞」(rheme)，「命題」(dicent)，「論証」(argument) と呼ばれる***．

以上の三分法はセミオーシスの異なる側面を分類したものであるから，それぞれの三分法から一つずつ記号を選択し，結合することによって，「記号の10のクラス」が得られる（論理的には 27 ($= 3^3$) の組合せが可能であるが，カテゴリーの論理的関係から 10 となる）．

6.3.3　セミオーシスとしての環境親和型デザイン

環境親和型デザインを構想するとき，ここで紹介したパースの記号論から多くのヒントを得ることができる．

＊性質記号とは，記号であるところの質である（例：南国の青い海の色彩）．単一記号とは，記号であるところの現実に実在する事物もしくは出来事である（例：月の岩石の標本）．法則記号とは，記号であるところの法則である（例：言語や化学記号）．

＊＊類似記号とは，その性質が対象の性質と類似している記号である（例：富士山の絵）．指標記号とは，その対象により実際に影響を受けることによって，その対象にかかわるような記号である（例：風の方向を指示する風見）．象徴記号とは，法則，規範，習慣によって，ふつうは，一般観念の連合によってその対象にかかわるような記号である（例：勝利を表す凱旋門）．

＊＊＊名辞は，その解釈項に対して質的可能性の記号となる記号である（例："……は白い"といった不完全文）．命題は，その解釈項に対して現実の実在の記号となる記号である（例："この壁は白い"といった文）．論証は，その解釈項に対して法則の記号となる記号である（例：前提から結論を導く過程）.

① セミオーシスには，感覚〜論理，芸術〜科学を横断する一次性から三次性に至る多層性がある．優れたデザインを生成するには，こうしたセミオーシスの広がりを包み込む柔軟な思考が不可欠である．また，記号の生成と退化という，時間を考慮に入れたセミオーシスのダイナミズムが，デザイン現象の重要なファクターとなる（記号は時と共に新たな意味を獲得することもあれば，廃れていくこともある）．

② パース記号論の卓越したアイデアは，記号の三項関係に注目したところにある．第三項として解釈項（解釈者）を導入することにより，記号はダイナミックな性格を帯びるようになる．解釈項は記号であるから，記号は再帰的に定義される存在となる（定義の中に自らを含む）．また，二項関係では記号の連鎖は一次元の線形になるが，三項関係では多次元のネットワークが生成される点にも注目すべきである．ちなみに，「生命記号論」を展開しているJ.ホフマイヤーは，記号の三項関係を高く評価している [6]．たとえば，DNAのメッセージからいつも同じ個体発生の軌道が導かれるわけではなく，それを解読する受精卵（解釈者）の能動的役割を考慮に入れることによって，個体発生の軌道の多様性が理解できるというわけである．

③ 記号の定義の中で指摘したように，同じものでも，解釈者やコンテクストによって，別の記号として現象しうる．デザインを記号として捉えると，それが子供，高齢者，障害者といった異なる使用者に対してどのような意味を持つかを検討しなければならない（ユニバーサルデザインでは，誰にでも使えるというよりも，誰に使えるのかを検討すべきである）．また，記号はコンテクストによって異なる意味をもつことから，デザインを可能な限り多様なコンテクストの中でシミュレートし，予期しなかった問題にも事後に対応することが不可欠であることが理解できる．

④ 他の記号に依存せず孤立して出現する記号はない．どの記号も別の記号によって解釈されるからである．したがって，記号の集合がグローバルな意味を創発するメカニズムを扱う「テクスト記号論」の研究が不可欠である．われわれの創り出す人工物が意味のある記号であるとすれば，それは様々な記号のネットワークの中で意味を持つことに留意すべきである．たとえば，建築もそれを構成する多様な記号の集合であるとともに，マクロな都市空間を構成する記号としても重要な役割を果たしている．そのような多次元的なネットワークの結節点として建築を理解するところから，環境や人間に配慮した新たなデザインが生み出される．

6.4 生命システムと人工システムの融合

ここで，「意味」概念に加えて，「生命」概念を導入・拡張することにより，デザインの概念の一層の革新を図ることにしよう．実を言えば，建築・都市デザイン領域でも，生命概念に基づいてデザインを考える伝統は古くから脈々と流れている．大きく分類すると，①生物・自然の形態・機能・システムを模倣する，②自然システムと人工システムを関連づける，③生命概念を拡張し，人工システムを生きているシステムとしてデザインする，といった三つのアプローチに区別できる．

6.4.1 生物・自然とのアナロジー

近代建築における理念の変遷を探求した P.コリンズは，モダンデザインには，生物とのアナロジー（biological analogy），機械とのアナロジー（machine analogy），言語とのアナロジー（linguistic analogy），料理とのアナロジー（gastronomic analogy）という四つのアナロジーがよく用いられることを指摘した [7]．生物とのアナロジーについては，1750 年頃に出版された画期的な二冊の著作である C.リンネの『植物の種』と G.ビュフォンの『一般と個別の博物誌』の影響に始まって，L.サリバンの「形態は機能に従う」という機能主義のテーゼに至るまで，近代建築の伝統に深く息づいていることが示されている．

建築の形態研究や CAD の研究で著名な P.ステッドマンに，『デザインの進化－建築と応用芸術における生物とのアナロジー』という興味深い著作がある [8]．その目次を見ると，有機体とのアナロジー，ビルディングタイプと生物種の分類のアナロジー，解剖学的アナロジー（工学的構造と動物の骨組み），生態学的アナロジー（人工物と有機体の環境），ダーウィン的なアナロジー（有機体と人工物の進化における試行錯誤），装飾の進化，器官もしくは身体の延長としての道具，クラフトの進化をいかにしてスピードアップするか，成長のプロセスとしてのデザイン，「生物の技術」（発明者としての植物と動物），階層構造と適応プロセス，機能決定論，歴史決定論と伝統の否定，人工物の歴史と科学といった項目が取り上げられており，形態，構造，装飾，道具，機能，プロセスなど，多面にわたって生物とのアナロジーが建築に浸透していることがわかる．

その他にも G.ハーシーの『モニュメンタルな衝動－建築の生物学的ルーツ』という著作は，分子，細胞，葉・花，貝殻，昆虫，鳥，ほ乳類のテリトリー，

人間の身体などとの直截なアナロジーが建築のデザインに大きなインパクトを与えたことを提示しており，最後にDNAやフラクタル幾何学の仕組みに言及しつつ，建築の再生産のプロセスについて考察を加えている[9].

より一般的な文脈で言えば，単なる形態・機能の模倣にとどまらず，生態系や生物のシステムを人工システムに応用する「生物模倣法」(biomimicry)が，最近大いに注目を集めている[10]．たとえば，食料生産，ものづくり，自然エネルギー利用，癒し，記憶の方法，ビジネスなどの人間の生存に必要な営みについて，自然のプロセスを深く学び，自然と共生する技術を開発するのである．

6.4.2 自然システムと人工システムの関連づけ

最近，自然と人工とを関連づけ，両者の関連の中に生命的な現象を認める理論や主張が注目を集めている．

建築論の研究者であるC.ノルベルグ＝シュルツは，活力に満ちた人工の場所の多くが，自然の場所の秩序を写し出していることを指摘している[11]．その方法としては，視覚化(visualization)，補完(complementation)，象徴化(symbolization)がある．たとえば，ドームは天球を視覚化し，山頂の城は山の形態を補完し，ゴシック教会堂は都市建設で失われた森を象徴化したものである．

社会学者内田芳明は，都市風景の魅力の源泉を自然と人工の重ね合わせに見て，次のように述べている[12]．「人が旅において都市や樹木や原野に出会うとすれば，それらの事物は，すでに一つの諸関連と構造をもった生きた全体，一つの生きた個性体のはずである．その生きた一つの全体とは，風景に他ならない．……この風景こそは，歴史的・文化的人間の生と自然的・風土的生との一つの総合，一つの結合として現象するものなのである．……自然物や人為的建造物などが，一つの内的生命連関をもつ生きた全体となるところに，風景が現象する．」

「環境倫理学」(Environmental Ethics)では，人間だけでなく，生物の種，生態系，景観などにも生存の権利があり，勝手にそれを否定してはならない，という「自然の生存権の問題」が基本的主張として提示されている[13]．人間だけに生存権があり，自然物に生存権がないとすると，人間の生存を守るという理由があれば，結局自然破壊が正当化されてしまう．それゆえ，人間優先主義を否定する必要がある．また，「権利」という概念を人間以外のものに拡大する試みが行われている．

6.4.3 生命概念の人工システムへの拡張

C.アレグザンダーは,『秩序の本質 第1巻:生命の現象』において,生命概念を大きく拡張して,人工システムにも生命を認め,生命の創造をデザインの目標とするまったく新しいデザイン理論を展開している[14].

われわれは生態系を,それ自体は生きていないけれども,生物的な生命と関連づけ,有機体のシステムとみなしている.この考えをさらに進めると,自己再生産機能をもつ生物だけでなく,すべての物理的構造が「生命の段階」(degree of life)を持っていると言えるように生命概念を拡張できる.そうなれば,純粋な自然,自然と人工を繋ぐもの(街路,庭など),さらに建物にも,生命を認めることが可能になる.そして,可能な限りの生命を人工システムに与えることがデザインの役割となる.

ここで"生命"と呼んでいるものは,レンガ,石,ガラス,川,建物,人間,森,都市といった空間のすべての部分に,いろいろな段階で存在している一般的条件のことである.この考えの鍵は,空間のすべての部分がいくばくかの生命の段階を持っているということであり,この生命の段階がうまく定義され,客観的に実在し,測定可能なものだということである.

アレグザンダーによれば,「生命」が建物の中にどのようにして創出されるかを理解するには,「全体」(the wholeness)と,その構成要素である「中心」(centers)を定義する必要がある.

建物の美しさ,生命,生命を支える能力は,それが全体として機能しているという事実から生じている.部分は主に全体との関連で存在している.部分のふるまいや特徴や構造は,より大きな全体によって決定される.

全体は部分から構成され,部分は全体によって作られる.全体を理解するには,部分と全体が相互に関連し合っているという概念を持たなければならない.こうした関係をふまえて,全体が構築される実体を中心と呼ぶ.中心は,単なる参照点ではなく,空間内に一定のボリュームを占める物理システムである(境界に焦点を結ぶと全体が,関係に焦点を結ぶと中心が浮上する).

全体は,非常に小さな物理的変化の結果として,大きく変化する.芸術家はとるに足らないような小さな点やカーブの形状のような違いで作品を作ったり,壊したりする.生きている構造は小さな変化にも敏感であり,成功にはディテールの正確さが不可欠である.

全体の中で部分が作られるという性質から,部分の形も大きさも全体における位置によって影響を受ける.自然,建物の生命は,構造としての全体から生

まれる．

　アレグザンダーの生命概念における鍵となる考えは，生命は構造的だというものである．
① 　中心そのものが生命を持つ．
② 　中心は互いに助け合う．一つの中心の生命が他の中心の生命を強化する．
③ 　中心は中心から作られる．
④ 　構造はその中で形成された中心の密度や強度に応じて生命を獲得する．

● 生命を持つものに繰り返し現れる 15 の構造的特徴

　建物やシステムの生命は，中心が相互に結びつき，助け合っているところから生じる．アレグザンダーは，こうした事象の比較を通じて，より多くの生命を持つものに繰り返し現れる 15 の構造的特徴を識別している．
① 　スケールのレベル（levels of scale）
　生命をもつものは，多様なスケールを含んでいる．
② 　強い中心（strong centers）
　異なったレベルの様々な全体が，それぞれ中心として存在するだけでなく，相互に強め合っている．
③ 　境界（boundaries）
　生きている中心は，たいてい境界によって形作られ，強められている（境界は相当大きいこともある）．

図 6.5　差異をはらむ反復
ブルネレスキ設計の孤児院（Alexander, C., *The Nature of Order, Book 1*, p.170, Oxford University Press, 2001）

④ 差異をはらむ反復（alternating repetition）
繰り返しの中に，微妙な差異が含まれるとき，美しく豊かな生命が姿を現す．（図 6.5）

⑤ ポジティブな空間（positive space）
空間が外側に膨れるときにポジティブな空間が生まれる．事物の周りの空間も，残余の空間ではなく，ポジティブな空間であるとき，生命をもつ．

⑥ よい形（good shape）
ほとんどのよい形は，どれほど複雑であっても単純で基本的な形から構成されている．

⑦ 局所的対称性（local symmetries）
場における強い中心の存在は，相互に関連し合い，重なり合っている局所的対称性に大きく依存している．局所的で完全でない対称性は，柔軟で有機的な全体性を構成し，強い生命力を有する．（図 6.6）

⑧ 深い繋がりと曖昧さ（deep interlock and ambiguity）
生きている構造では，中心が周辺の空間と連結されており，曖昧な空間が存在することが多い（回廊など）．

⑨ コントラスト（contrast）
強い生命を持つ作品にはコントラストがある．差異がなければ生命は生じない．中心は対立するものによって強化される．差異が空間に生命を与える．

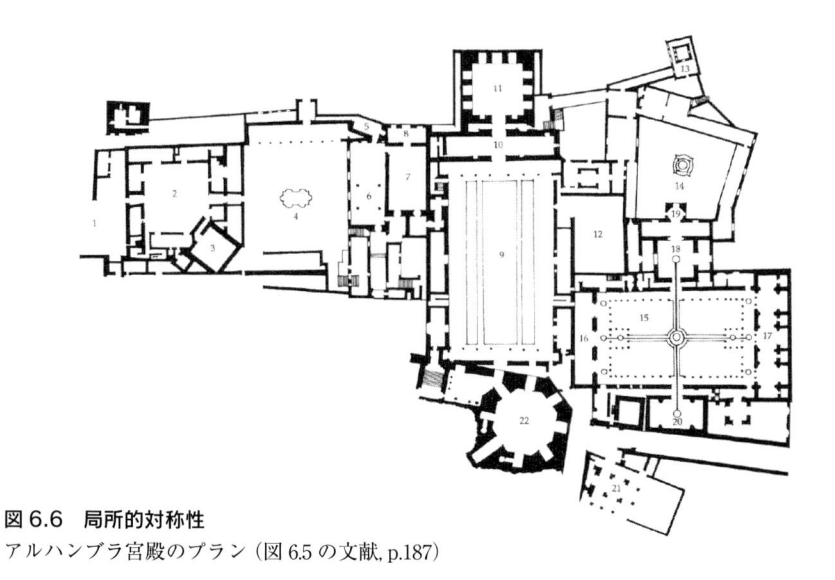

図 6.6　局所的対称性
アルハンブラ宮殿のプラン（図 6.5 の文献, p.187）

⑩　勾配（gradients）
生命あるものは，ゆっくりと，かすかに，段階的に変化していく性質を含んでいる．（図 6.7）

⑪　大雑把さ（roughness）
生命を持つものには，確かな安らぎ，形態的な大雑把さがある．これは技術が劣っている結果ではなく，全体性を獲得するための本質的な特徴である．

⑫　共鳴（echoes）
ある事物の要素間に潜在的類似性が存在するとき，それらが互いに共鳴し合い，生命が生じる．

⑬　空き（the void）

図 6.7　勾配
軒じゃばらの美しい勾配（図6.5の文献, p.205）

完全な全体性をもつ深遠な中心には，無限の深さをもつ空きが存在する．何もない空きの空間が，細かいざわめきを吸収し，生命の維持・発展を支える．

⑭　単純さと内的静けさ（simplicity and inner calm）
全体性や生命は，常に単純である．多くの場合，幾何学的な単純さとして現れるが，見た目は複雑であっても内的な静けさをもつ単純さも重要である．

⑮　非分離性（not-separatedness）
生きている全体は，世界とは分離できない．生命をもつ中心は，周囲と深い繋がりを持ち，相互に浸透し合っている．自己中心的なものに生命は宿らない．

6.5　類似と差異のネットワーク

　環境親和型デザインは，意味・生命システムと人工システムの融合をめざす．デザイン対象を記号集合（＝テクスト）とみなし，生命の営みに不可欠な意味という視点から，自然物と人工物を総合的に解読する記号論的アプローチは，こうした環境親和型デザインを展開するうえで，大いに有効性を発揮すると考えられる．
　ここでは，環境親和型デザインの事例として，自然物から人工物に至る多種多様な要素の集合からなる「都市景観デザイン」を取り上げ，生命を感じさせる魅力的な景観が備えるべき条件を抽出した研究を紹介する [15]．

6.5.1 街並み記号論の構想

街並みは，人々の生活の舞台となる街路を形成し，豊かな意味を表現する．街並みのたたずまいや雰囲気は，未分化な全体的な印象であり，身体で感じとることのできるものである．道や住居の配列は，場所の地形や気候をそれとなく指示し，家々のファサードは，住み手の個性や社会階級を象徴する媒体となる．街並みには「集団の記憶」が刻印され，人々はそこに深い愛着すら抱く．街並みは，こうした多種多様な記号が重なり合う一つの生きた全体を構成するテクストとして解読される．

実を言えば，街並みが注目されるようになったのは，それほど古いことではない．それを「タウンスケープ」(townscape) と名づけた G.カレンの景観論がイギリスで大きな反響を呼んだのも，国土の破壊と都市の混乱の進む第二次世界大戦後のことである．「田園のなかにぽつんとある建物は建築作品として体験される．しかし半ダースの建物が集まると，そこに建築をしのぐ芸術が芽ばえる」というカレンの言葉には，街並みの魅力が見事に捉えられている [16]．

日本でも，1960 年代の高度経済成長期における環境・景観の破壊に抗して，1970 年代になって街並みの保存運動なども少しずつ定着してきた．筆者は 1980 年代以降，格子状の壁面パターンと見越しの松が印象的である＜近江八幡＞，抜けるような青空に赤い瓦と白い漆喰が映える＜竹富島＞など，日本各地に残っている 200 カ所に及ぶ伝統的街並みの現地調査を行い，それらをテクストとして解読する「街並み記号論」(semiotics of townscape) を展開してきた．図 6.8，6.9 には，現地調査で訪れた街並みのうち，深い印象体験を与えてくれた景観を例示する．

図 6.8　近江八幡（滋賀県）の街並み

図 6.9　竹富島（沖縄県）の街並み

6.5.2 街並みのコード

　街並みを構成する記号には，色彩・素材・テクスチュアなどの特徴，屋根・格子などの形態的要素やその集合状態，妻入り・平入りといった形式や住居の配列規則などが含まれる．記号の対象には，色彩や素材が醸し出すイメージや雰囲気，住居の配列が指示する水系や道の方向，卯建が象徴する経済的な豊かさなど多様な意味が含まれる．記号の解釈項には，推論の内容のほかに，解読者の心・行動・思考に及ぼす実際の効果，さらに記号を解読するコンテクストが含まれる．パースの記号モデルを用いると，これらの記号は表 6.1 のように分類できる．

　こうした記号現象の多層性をモデル化するために，言語における意味とそれを実現する表現との関係に焦点を結ぶ「体系文法」(systemic grammar) を参照し [17]，複雑な記号のネットワークを記述し，操作するシステムを構築した．すなわち，街並みのコード (code) を，
① 意味システム (meaning)
　［自然・政治・経済・文化などのコンテクストに関わる］
② 形式システム (form)
　［形態素，屋根，格子，住居などの建築言語のシンタックスに関わる］
③ 実質システム (substance)
　［形状・スケール，色彩，素材・テクスチュアなどに関わる］
という三つのシステムが重なる多層構造としてモデル化したのである [18]．

　形式システムは，意味システムを実現する構造的配列が行われる場としての「ランク」(rank) によって組織される．日本の伝統的街並みでは，{MORPHEME (形態素)，ELEMENT (要素)，PART (要素群)，FRAME (建物など)，TOWNSCAPE (街並み)} という五つの記号の階層構造のランクを区別するのが有効である．表 6.2 は ELEMENT ランクの記号である．現地調査の結果，日本の街並みでは，30 程度の建築的要素が共有されていることがわかる．

6.5.3 類似と差異のネットワーク

　日本の伝統的街並みの特性は，限られた数の記号群を共有しており，個々の街並みはその中から選択された記号群の特定の組合せによって実現されている点にある．日本の街並みでは，共有された記号が反復利用され (反復可能性は記号の重要な性質である)，しかも状況に応じて適当に変形・結合されるため，そこに微妙な差異が組み込まれ，「類似と差異のネットワーク」が縦横に張り

表 6.1　街並みを構成する記号のタイポロジー

建築的記号　S	
性質記号 (Qualisign)	形状・色彩・素材・テクスチュアなどの特徴
単一記号 (Sinsign)	個々の単一の形態（屋根，卯建，樹木，山，川など）やその集合状態（住居，街並み，山並み）
法則記号 (Legisign)	形態のパターン，建築的な形式・様式，諸要素の配列規則，景観図式
記号とその対象との関係　R (S,O)	
類似記号 (Icon)	イメージやメタファー，たたずまいや雰囲気
指標記号 (Index)	物理的な機能（雨や雪を防ぐこと，通風・換気など），指標的方向性（住居における窓の位置,道路との関係を示す出入り口の位置,宅地における庭の位置,地形の傾斜・水の流れ・風向きなどと相関する住居の配列など）
象徴記号 (Symbol)	象徴的な意味（身分,防衛,職業,街の産業,経済的地位,祝祭性など），アイデンティティ（京都らしさ,～らしさ,個と集団の関係,他の街との関係）
記号とその解釈項との関係　R (S,I)	
名辞 (Rheme)	一般的記号のレパートリーとして解読される内容や効果（建築的記号のレベル）
命題 (Dicent)	テクストの要素として解読される内容や効果（街並みのレベル）
論証 (Argument)	テクスト相互の関係を含む完全な関係に不可欠な部分として解読される内容や効果（街並みの相関関係のレベル）

表 6.2　形式システム：ELEMENT ランクの記号

ELEMENT (S)			
PART rank	ELEMENT rank		
R：屋根部分	R1（屋根面），R2（庇），R3（煙出し），R4（屋根飾り），R5（明かり窓）		
N：軒下部分	N1（卯建・袖壁），N2（軒下部分），N3（駒寄せ），N4（床几），N5（雁木・こみせ），N6（雨囲い・雪囲い）		
F：ファサード部分	D：点的要素	D1（看板），D2（持ち送り），D3（飾り金物），D4（すだれ・暖簾），D5（軒灯類），D6（呼樋）	
	C：線的要素	C1（手摺・欄干），C2（柱），C3（出桁），C4（貫・梁・胴差類）	
	O：開口部	O1（格子），O2（戸），O3（窓），O4（換気口）	
	W：壁面	W1（壁），W2（戸袋）	
	G：基礎部	G1（基礎）	
H：付属物	H1（境界），H2（アクセス），H3（樹木），H4（蔵），H5（煙突）		

巡らされた魅力的な景観が実現されるのである．

　実際，様々な街並みの景観は，共有された街並みのコードから抽出された記号の連鎖として記述できる．図 6.10 の有田（佐賀県）の街並みを記号連鎖に変換した例を図 6.11 に示す．これは，景観の各領域を記号として表記し，領域の包含関係をツリー図で表示したものである．

図 6.10　有田（佐賀県）の街並み

　図 6.11 の景観を見ると，［道に直面］［2 階］［大壁造り］という特徴はすべての住居に共有され，［道との向き（平入り，妻入り）］［屋根（切妻，入母屋）］［ファサードのパターン（シンメトリー，その他）］という特徴が変化していることがわかる．すべての住居に共有されている特徴を「コネクター」(connector)，住居によって変化している特徴を「シフター」(shifter) と呼ぶことにすると，有田の場合，安定した骨格としてのコネクターに支えられて，シフターとしての特徴が景観にゆらぎを与え，心地よいリズムを刻んでいることがわかる．

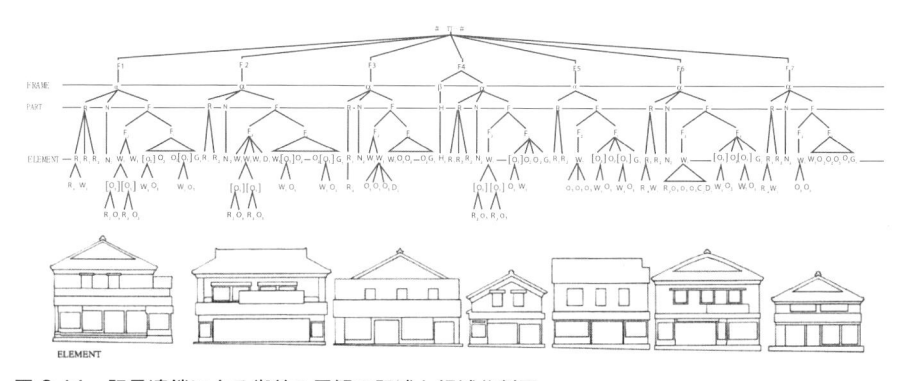

図 6.11　記号連鎖による街並み景観の記述と領域分割図

6.5　類似と差異のネットワーク

この他にも，記号のバリエーション，輪郭線のゆらぎ，細部の変形，色彩・素材・テクスチュアのグラデーションなど，様々なレベルに類似と差異のネットワークが縦横に組み込まれている．

こうした類似と差異のネットワークが，集団の協調的関係と個の自己主張という，生活のドラマにおける緊張関係を連想させ，互いに他を生かすことによって自らの個性を発揮する機会を得る「共同体の景観」をかたちづくり，街の個性を表現しているのである．

人工物に生命を与える構造的特徴である「差異をはらむ反復」「強い中心」「深い繋がりと曖昧さ」「非分離性」などが見事に実現された事例といえる．

6.5.4 テクストとしての街並みの解読

街並み記号論の次の課題は，多種多様な記号の集合からなる景観によって，どのようなテクストが生成されているのかを解読することである．筆者は，これまでに人工知能を応用した画像・知識処理システムやハイパーメディアによるデータベースの開発を推進し，多くの街並みに共有された景観のルール（形態と意味との安定した関係）を抽出してきた[19]．（図6.12）

日本の伝統的街並みには，有限の記号から無限の景観のバリエーションを生成する仕組みが組み込まれており，その結果，類似と差異のネットワークに基づく「テクスト相互関連性」(intertextuality)が生まれ，豊かな意味の世界が形成される．データベースの解読を重ねていくと，共有された意味論的コードをいくつも発見することができる[20]．

① 気候，地形，地質，社会，経済，産業，政治，歴史，宗教など，実際の使用経験に関連した「観念内容的意味」(ideational meaning)を表示する．たとえば，"雁木"という建築的要素は，その辺り一帯が豪雪地帯であることを表示する．

② 街並みの景観は，街を形成してきた人々の意図や街を訪れた人々に及ぼす影響に関わる「対人関係的意味」(interpersonal meaning)を呈示する．華やかな装飾や豪壮な家の造りは，見る者を威圧する．

③ 様々な記号が織りなすアンサンブルとしてのテクストの形態は，街のたたずまいや一体感という「テクスト形成的意味」(textual meaning)を生成する．類似と差異の織りなす情景は，共同体への帰属意識を高める．

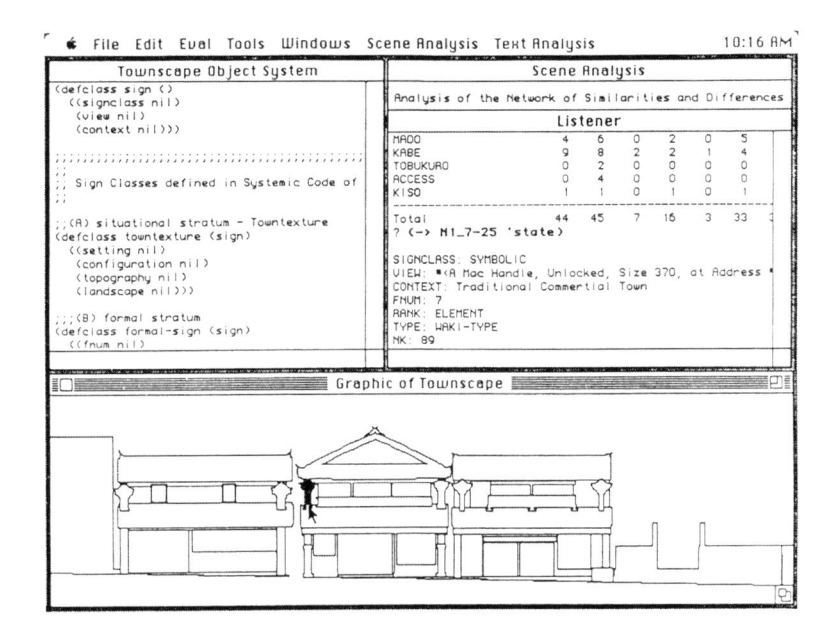

図 6.12 景観との対話システム

6.6 ミクロとマクロの相互作用

　パースの記号論によると，他の記号に依存せず孤立して出現する記号はない．そして，様々な記号のネットワークとしてのテクストがグローバルな意味を創発する．このことは，生命は構造としての全体から生まれるものであり，全体は部分と全体とが相互に関連し合っているところから生じると考えるアレグザンダーの理論とも響き合う．生命の段階の高い人工物（を含む環境）をデザインするためには，「ミクロな要素とマクロなシステムの相互作用」を探求することが不可欠である．

　ここでは，ミクロな建築とマクロな都市との関係に焦点を結び，建築や都市の意味・生命が両者のダイナミックな相互作用から生まれることを示す．

6.6.1 京都の町家システム

　伝統的街並みには，「類似と差異のネットワーク」が組み込まれていることを指摘したが，さらに注目すべきことは，ミクロな建築レベルの記号が相互に関連し合っ

て，マクロな都市レベルに新たな創発的特性としての美的秩序が生成されている点である．現代都市の問題は，個々の建築が自己主張を繰り返し，マクロな都市レベルの魅力が崩壊しているところにある．

ここでは，建築と都市とを巧みに関連づけた「町家システム」に注目する[21]．京都の町家システムは，ミクロな建築とマクロな都市の相互作用を可能にする敷地・街区システムを保有している．京都の街割は，おおよそ120m×120m（60m）*の街区を細長い短冊形に分割したものであるが，街路側に町家を建て，奥に庭をとる配列規則を共有することにより，街区内部に奥庭が連担した緑地を確保している（図6.13）．

図 6.13 町家システムが創出する緑地
四条通（北）〜綾小路通（南），新町通（東）〜西洞院通（西）で囲まれた街区．矢田町の杉本家界隈．町家の奥に緑地が確保されている．現在，多くの街区内緑地がマンション等に浸食されつつある．（航空写真：京都市提供）

居住密度を高めるために，町家は側面に開口部を設けず，密着して建てられているが，代わりに奥庭や中庭を確保し，それらを相互に結びつけることにより，個々の町家を超えた街区レベルに豊かな生態学的環境を形成しているのである．この緑地環境は，生態系の確保，微気候の制御，防災性の向上，コミュニティの形成などに寄与している．町家システムには，ミクロな町家の集合がマクロな都市空間の質を高める巧妙な仕組みが組み込まれているわけである．

6.6.2 近隣のネットワーク

建築と都市の関係を考えるとき，両者を媒介する「近隣空間」(neighborhood)が重要な役割を果たす．このことにいち早く気づいたJ.ジェイコブスは，名著『アメリカ大都市の死と生』において，うまく機能する都市の活力と秩序は，街路に暮らす，ゆるい即興的な個人の組み合わせからくる，ということを指摘している[22]．古い都市がうまく機能している場合はどこでも，街路の安全と都市の自由を維持するすばらしい秩序がある．それは複雑な秩序である．そ

＊豊臣秀吉が天正時代に，120m×120mの街区の中央に南北方向に道を通して地割の変更を行った街区がある．その場合は，街区のスケールは120m×60mとなる．

の本質は歩道利用の親密性で，それに伴い絶えず連続的に視線がそこにもたらされる．この秩序はすべて，運動と変化で構成されている．

多様性との遭遇は，その遭遇で自分の行動が変わる可能性がない限り，都市全体のシステムには何も貢献しない．都市空間を行き交う主体（エージェント）の間のフィードバックが重要である．街路空間の生活における情報ネットワークは十分肌理の細かいもので，高次の学習が創発することを可能にする．近隣は，何千もの局所的な相互作用から生まれ，都市のもっと大きな形態の中で形成される小さな形態となる．われわれが生きるコミュニティが人間の知覚の上限を超えて拡大したとき，われわれは近隣という新しい階層を作り出し，豊かな都市生活の基盤としたのである [23]．

イギリスの建築家 R.ロジャースが指摘しているように，ミクロな個々人がマクロな都市へ主体的に関与していくことこそが，サスティナビリティを達成するための絶対的条件であり，コミュニティが社会的・文化的に関与した結果は，公共の美という形で現れる [24]．良好な都市を実現し，都市のアイデンティティを醸し出すには，活気のある都市生活が不可欠の要素である．そのためには，都市社会を結びつける糊のように機能する近隣のネットワークを形成しなければならない．

建築と都市に生命を吹き込むのは，建築の近傍に形成される公共的な近隣空間（庭・街路・広場など）である．これらの空間が，光・音・空気を導き入れ，人々の行動やコミュニケーションを誘発してくれるからである．

6.6.3　都市空間の自己組織化とそのシミュレーション

筆者は，都市空間におけるミクロな領域に住む主体に注目し，近傍に含まれる領域との関係に基づいてその主体の行動規則を規定した場合に，マクロな都市空間にどのような構造が生成されるかを研究している．

都市社会学の領域では，シカゴを実験都市として観察することにより，都市空間には類似の要素が集合した自然地区（natural area）が形成されることを発見し，異種の自然地区のモザイクとして都市構造を記述した [25]．このことが，「ゾーニング」（zoning）の発明へと繋がり，都市計画の手法を大きく方向づけることになった．

都市経済学の領域では，都市集積の理由を「比較優位」「規模の経済」「集積の経済」として説明しているが，近年，比較優位の理由に限らず，他者の行動や他の都市との関係によって都市集積が発生する，という「自己組織化」（self organization) に対する関心が高まっている [26], [27].

　この点について，経済学者 T.C.シェリングの「分離モデル」は示唆に富む [28]. すなわち，白人と黒人が居住している 8×8 のグリッドからなる都市において，近隣に異種の人々が多く住むことを嫌って移動するといった局所的規則を与えると，初期配置によっては白人と黒人が分離してしまうことを示したのである.

　われわれは，このモデルを発展させて，グリッドサイズ，要素の種類，空白率，初期配置（交互とランダム），通常移動（移動したくなる確率），中心地の重み付け，隣接する同種の要素の組数などのパラメータを設定し，近傍の領域との関係に基づく移動規則を変化させて，「分離と集積」がどのように発生するかを実験的に確かめるシミュレーションシステムを開発した [29].

　移動規則としては，「隣接する領域が 1 つのとき，それが同じ色でなければ移動する」「隣接する領域が 3～5 のとき，少なくとも二つが同じ色でなければ移動する」といった局所的な規則しか与えていない.

　図 6.14 は，都市空間の自己組織化のプロセスをシミュレートするモデルとその実行例である．ミクロレベルでは想定していなかったマクロなゾーニングが創発することを実験的に確かめることができる.

　都市デザインでは，通常ミクロな部分のデザインに関わることしかできない．それでいてミクロな行為がマクロな都市の発展と制御に大きく関わることになる．複雑な現代都市に生命を与えるには，ミクロとマクロの相互作用のダイナミズムに十分留意する必要がある.

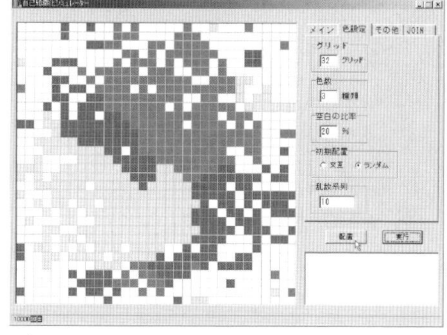

図 6.14　空間の自己組織化とそのシミュレーション
上はランダムな初期配置，下は 10,000 回の試行後の配置.
集積条件は中心地に移動する確率を高め，分離条件はシェリングの分離モデルを利用．局所的な移動条件しか与えていないのに，都市空間にマクロなゾーニングが創発している．条件を変えると異なったパターンが姿を現す.

6.7 環境親和型デザインのプロセス
6.7.1 デザインプロセスの拡大

デザイン方法の進化の段階をふり返ると，最初は使う人がつくる人でもあり，そこからつくる人が「クラフトマン」として分化し，さらに近代以降の技術の発展に伴って，つくることから考えることが分離し，考える役割を担う「設計者」が確立してきたことがわかる．（図 6.15）

ここで注目すべきは，設計者が特定できない無名のデザインに優れたものが多いという事実である．「図面によるデザイン」が成立する以前に作られた町家や集落の機能的で美しい造形を目の当たりにするとき，現代のデザイン行為に大きな問題が潜んでいるのではないかと思えてくる．これらのデザインは，長い時間をかけて，実際に多くの人びとに使用され，環境に適応するように少しずつ進化をとげた結果なのである．

それに対して，設計（生産）者と使用者の立場が分離した現代の仕組みでは，デザイン行為の成果としての人工物が，生活世界にいかなる帰結（生活様式や

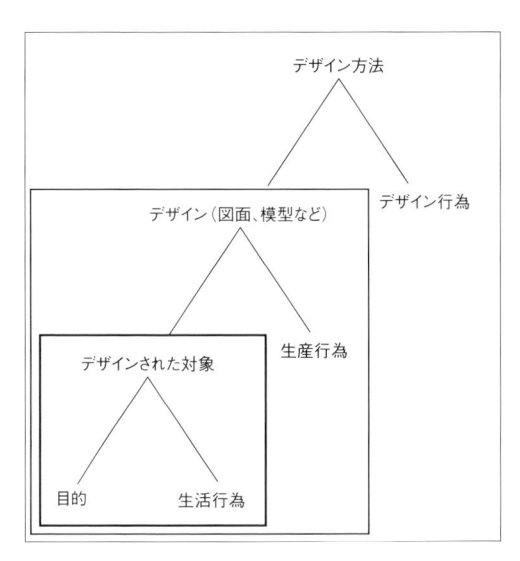

図 6.15 デザインの全体構造
「生活」の場ではデザインされた対象は生活行為を通じて目的を実現する手段となり，「生産」の場ではデザインが生産行為を通じてデザインされた対象を作り出す手段となり，「設計」の場ではデザイン方法がデザイン行為を通じてデザインを生成する手段となる（三項関係は，パースの記号モデルに基づく．デザインの全体構造は生活―生産－設計の記号連鎖となる）．

都市景観の変化など）をもたらしているかを，デザインにフィードバックする回路が基本的に欠落しているのである．時の経過と共に魅力的になるデザインは，デザイン行為の帰結をふまえた「つくること」と「使うこと」とが融合した持続的なプロセスから生み出されるものである．

6.7.2 つくることから育てることへ

人工システムの意味・生命は複雑な記号・要素のネットワークに依存しており，諸部分の相互作用によりたえず変化している．そのため，デザインに関わる多様な主体が協働し，継続的に手を入れていく必要がある．

コンバージョンによる建築再生，ライフサイクルやメンテナンスを考慮したデザイン，グレードアップを前提とした製品シリーズのデザイン，幾世代にもわたって育まれ，漸進的に成長する都市景観デザインなどは，時間をかけて持続的に展開していくべきものである．

実際，都市景観のように歴史性と総合性を備えた複雑なシステムは意図的につくられるものではなく，庭に咲く植物や花のように育てるべきものである．したがって，意味・生命を持つシステムのデザインの基本は，新しいものを創造するというよりも，先行する世代から受け取ったものを大切にし，傷んだところは修復し，各時代の成果を付け加えて次の世代に渡すことである．このプロセスには，維持・保存・修復・再生・創造といった多様なデザインの営みが含まれることになる [30]．

環境親和型デザインでは，ミクロな人工物をつくるだけでなく，マクロな生活環境を育てていくことが主要なテーマとなる．また，デザイン教育の推進も重要な課題である．その意味で，サスティナブルデザインをめざして活動を展開しているロジャースの次の言葉は誠に味わい深い．「子供たちに日常の都市の環境について教えることは，都市を愛おしみ改善していくプロセスに参加していく素養を子供たちに植え付け，都市そのものが，教育の優れた道具，生きた実験室となりうる．」[31]

6.8　意味・生命とのシステムインテグレーション

21世紀を迎えて，工業社会からポスト工業社会へ，経済の世紀から環境の世紀へと時代は大きく転換しつつある．本稿では，人工物相互の関係や人工物と人

間・環境との関係に調和をもたらす「環境親和型デザイン」の構想を提示し，意味・生命という視点から，豊かな生活環境をデザインする可能性を探求してきた．

　6.1 節では，環境親和型デザインが求められる社会的背景を確認するとともに，本稿の概要を提示し，6.2 節では，環境親和型デザインの定式化を試みた．

　6.3 節，6.4 節では，意味・生命という概念が，自己再生産機能を持つ生物にとどまらず，自然環境，社会－文化環境，さらに人工環境にも適用できることを示した．

　実際，「人間は自然から離れて存在し得ず，その生存も健全なる営みも，自然とそのプロセスを正しく理解するところから生まれる」と述べ，生態学的都市デザインの方法を提唱したのは I.L.マクハーグであるが [32]，生物ではない自然生態系にも生命を認め，自然模倣や自然との共生をめざすサスティナブルデザインが，地球環境時代のデザインにおける重要なテーマとなっている．

　さらに，人工物を含む人工環境にも，生命を認めることができる．たとえば都市には，何十もの世代が来ては去り，幾多の歴史と文化が累積されるが，固有のパターンが形を保っている．都市のパターンは，言語，建築，街路，ライフスタイルなどを通じて，生きて呼吸を続け，浅薄な観察者が考えるよりもはるかに長く存続する．

　6.5 節～ 6.7 節では，景観・環境における意味・生命は，複雑な記号・要素のネットワークや相互作用と深く結びついていることを示した．生命の営みとは，広い意味での生命体が意味を紡ぎ出すプロセスである．環境親和型デザインの目標は，生命システム，自然システム，人工システムなどの間に調和をもたらすことであり，それは生命とのシステムインテグレーションに他ならない．

参考文献

[1] 神野直彦：『地域再生の経済学―豊かさを問い直す』，中央公論新社，2002
[2] Bechtel, Robert B., The Perception of Environmental Quality, in Craik, Kenneth H. and Zube, Ervin H., *Perceiving Environmental Quality: Research and Applications* pp.106-108, Plenum Press, 1976
[3] 日本建築学会編『人間－環境系のデザイン』，彰国社，1997
[4] Burks, Arthur W.（eds.）, *Collected Papers of Charles Sanders Peirce, Volume VII., Volume VIII.* The Belknap Press of Harvard University Press, 1979
　　パース著作集は全 8 巻．引用文末尾の表記は，パース著作集の巻，節を表す．たとえば，CP8.328 はパース著作集第 8 巻 328 節を示す（以下同様）．
[5] ヴァルター，E.：『一般記号学―パース記号論の理論と展開』，pp.56-57，勁草書房，1987
[6] ホフマイヤー，J.：『生命記号論―宇宙の意味と表象』，青土社，1999

[7] Collins, Peter, *Changing Ideals in Modern Architecture 1750-1950*, McGill-Queen's University Press, 1965
[8] Steadman, Philip, *The Evolution of Designs: Biological analogy in architecture and the applied arts*, Cambridge University Press, 1979
[9] Hersey, George, *The Monumental Impulse : Architecture's Biological Roots*, The MIT Press, 1999
[10] Benyus, Janine M., *Biomimicry: Innovation Inspired by Nature*, William Morrow & Co., 1997
[11] ノルベルク―シュルツ，C.：『ゲニウス・ロキ―建築の現象学をめざして』，住まいの図書館出版社，1994
[12] 内田芳明：『風景の現象学―ヨーロッパの旅から』，p.187，中央公論社，1985
[13] 加藤尚武：『環境倫理学のすすめ』，丸善，1991
『環境と倫理―自然と人間の共生を求めて』，有斐閣，1998
[14] Alexander, Christopher, *The Nature of Order: An Essay on the Art of Building and The Nature of the Universe, Book One The Phenomenon of Life*, Oxford University Press, 2001
[15] 門内輝行：街並みの景観に関する記号学的研究，東京大学学位論文，1997（1998年日本建築学会賞を受賞）．
[16] カレン，G.：『都市の景観』，p.62，鹿島出版会，1975
[17] Halliday, M.A.K.: *Explorations in the Functions of Language*, Edward Arnold, 1973
[18] 門内輝行：記号学からみたハリデー―言語から非言語へ，言語，**20**，4，pp.56-62，1991
[19] Monnai, Teruyuki, Semiosis in Architecture: A Systemic Analysis of the Traditional Towntextures in Japan, *The Empire of the Signs - Semiotic Essays on Japanese Culture*, pp.101-137, John Benjamins B.V., 1991
[20] 門内輝行：ハイパーメディアによる街並みのデータベースの構築とその応用，人文社会科学研究，**37**，pp.179-208，1997
[21] 門内輝行：記号論的視点からみた京都の都市景観―その創造的再生に向けて，都市研究・京都，**17**，pp.22-36，2004
[22] Jacobs, Jane, *The Death and Life of Great American Cities*, Random House, 1961
邦訳が鹿島出版会から出版されているが，残念なことに，4部のうち前半2部のみの訳書となっている．
[23] Johnson, Steven, Emergence: *The Connected Lives of Ants, Brains, Cities, and Software*, Scribner, 2001
[24] ロジャース，R.：『都市 この小さな惑星の』，鹿島出版会，2002
[25] 鈴木広編訳：『都市化の社会学』，誠信書房，1965
[26] クルーグマン，P.：『自己組織化の経済学―経済秩序はいかに創発するか』，pp.17-50，東洋経済新報社，1997
[27] 藤田昌久他：『空間経済学』，東洋経済新報社，2000
[28] Schelling, Thomas C.:*Micromotives and Macrobehavior*, W.W.Norton & Company, Inc., 1978.
[29] 星竜一：空間の自己組織化とそのシミュレーションに関する研究，早稲田大学大学院理工学研究科修士論文（複合領域コース・門内研究室），2000
[30] 門内輝行：人間－環境系のデザインの展望―21世紀のデザインビジョン，新建築，pp.94-97，2003年1月
[31] ロジャース，R.：『都市 この小さな惑星の』，p.17，鹿島出版会，2002
[32] McHarg, Ian L.: *Design with Nature*, The Nature History Press, 1969

7章

創発に学ぶデザイン

慶應義塾大学　**松岡由幸**

7.1　デザイン科学と創発

　デザインという人間の創造的な行為を理論的に説明することは，デザイン科学（design science）の主要な目的のひとつである．この目的に向けて，デザイン科学は，認知科学，記号論理学，応用数学などのさまざまな学問領域と連動しながら，これまで研究を進めてきた．しかしながら，この目的を達成するためには大きな壁が存在していた．この壁とは，人間が，新しく，しかも多様なデザイン解をいかにして創造するのかという問題である．

　この問題を解くうえで，現在注目されているのが，生命システムにみられる「創発」（emergence）という現象である．「創発」においては，部分から全体が発現するボトムアップと全体が部分を拘束するトップダウンの双方向の過程が共存する．デザイン科学では，この部分と全体の関係性が，創造的なデザイン行為を理論化するうえでの糸口になるものと期待されている．

　本章では，「創発」の概念を，自然界や人間社会の現象をまじえて説明するとともに，この概念に基づいた「創発デザイン」（emergent design）とその特徴について解説する．また，「創発デザイン」の方法を用いた人工物デザインの事例を紹介することで，生命システムに学ぶ新たなデザイン方法論としての可能性を述べる．

7.2 創発とは
7.2.1 創発現象
● 還元主義から創発へ

　紀元前のギリシャにおいて，アリストテレス（Aristotle, 384-322 B.C.）は「全体は部分の総和以上のものである」と論じた．しかし，17世紀になって，この考えと異なる立場をとる還元主義（reductionism）が，デカルト（René Descartes, 1596-1650）により提唱された．還元主義とは「複雑な物事は，それを構成する要素に分解し，それらの個別の要素を理解すれば，元の複雑な物事全体の性質や振る舞いもすべて理解できるはずである」という考え方である．この考え方に従えば，動物は，図7.1のイメージ図に示す自動機械のような人形として還元的に説明することが可能である．この還元主義の考え方は，物質的な現象を対象とする物理学や化学の分野において非常に有効な考え方であり，現在の諸科学の発展に大きく貢献した．ところが，このような還元主義的な考えでは説明できない「全体は部分の総和以上のもの」が存在する．たとえば，生物の進化のなかで，生物の発生，多様な生物種の出現，神経系を備えた生物の出現，人間の出現などにおいては，先行の諸状態に基礎をおいているものの，それらからの直接的な予測が難しい，大きな飛躍が認められる [2]．このような現象は創発と呼ばれ，1923年にC.L.モーガン（Conwy Lloyd Morgan, 1852-1936）が提唱した概念である．これらの創発現象に共通することは，それまでの科学における基本的な考え方である還元主義的な方法では解明できない点である．還元主義においては，全体はそれを構成する要素に依存している．そして，全体を要素に分解し，それぞれの要素を解明し統合することで全体を解明することが可能であると考える．しかしながら，これらの創発現象は，要素をいくら解明しても全体の多様な機能や秩序の発現を説明できないという問題を内在させていた．

　創発現象を説明するために，いくつかの考え方が議論されている．生気論者（vitalist）は「エンテレヒー」（entelechie）という生気的な原理が働いているとした [3]．生物を構成する要素は，何らかの神秘的な力によって統合され，秩序を与えられているという考え方である．しかしながら，この考え方は，「エンテレヒー」とは何かという問いに科学的に答えることができず，現象の説明には至っていない．なお，この考え方は，最初に全体を支配する上位階層が存在し，それにより下位階層の要素が制御されるという意味で，トップダウン

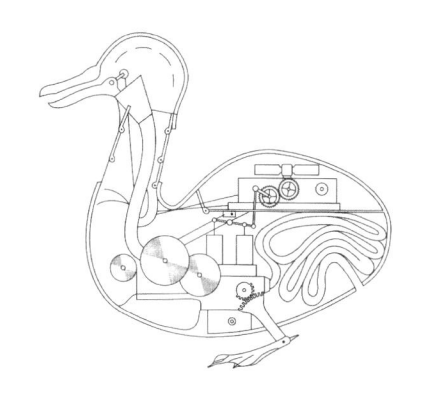

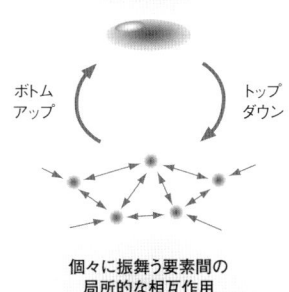

図 7.1　自動機械のアヒル [1]　　　　　　図 7.2　創発の概念

(top-down) の考え方ともいわれている．

　これに対して，機械論者 (mechanist) は下位階層における要素の局所的な相互作用が複雑に重なりあい，結果として全体の機能や秩序が発現するという考え方を用いた．この考え方は自己組織化 (self-organization) とも呼ばれ，ある一定の条件のもとで，物質の相互作用により，全体としての秩序を発現する物理現象を説明することができる．しかしながら，この考え方も，生物の進化の過程や多様な種の存在を説明するには不十分であった．なお，この考え方は，前述のトップダウンに対して，ボトムアップ (bottom-up) の考え方ともいわれている．

　やがて，1980 年代に入ると，人工生命 (artificial life) の研究がさかんになり，創発はその中心的な概念として注目された．そして，人工生命の研究者たちは，創発の概念をトップダウンとボトムアップの双方向の過程として説明した．北村によれば，創発とは「自律的にふるまう個体 (要素) 間および環境との間の局所的な相互作用が大域的な秩序を発現し，他方，そのように生じた秩序が個体のふるまいを拘束するという双方向の動的過程により，新しい機能，形質，行動が獲得されること」[2] とされている．図 7.2 にこの概念を示す．

　双方向過程を有するこの創発の最も代表的な特徴として，個別の要素や相互作用には明示的に現れない挙動が全体には発現するという特徴をあげることができる．このような特徴は，一般的に複雑な系に現れる特徴と一致するため，複雑なシステムの制御など，工学の分野にも応用されはじめている [4], [5], [6]．

● システム論からみる創発

　システム論におけるシステムの概念とは「ある要素群が結合し，全体を組織していること」[7]である．また，システムは構成要素の性質や特性を示すものではなく，組織されている全体の性質や特性を示すものである．そして，このようなシステム論の立場は，ボトムアップ的な考えに基礎がおかれている．

　システム論では，この考えを用いて特定の現象や問題に対する解明や解決を行うために，幅広い視野で様々な要因を考慮し，要素間の相互作用に対して焦点を合わせるというアプローチをとる．このようなアプローチは，従来の還元主義的な，現象や問題を分割し細分化していくような科学的アプローチ（science-based approach）に対してシステムアプローチ（system approach）と呼ばれている．このアプローチにおいては，「組織化された複雑性」[8]という考えが存在する．これは「組織化された単純性」と「無秩序の複雑性」の中間に位置づけられており，その一般モデルは「レベルの異なる組織の階層があり，各々のレベルは下位のそれよりも複雑であり，下位レベルにはない創発的性質によって特徴づけられる」とされている．

　ここでいう創発的性質とは下位のレベルにおいて存在していない性質を示している．たとえば，交通システムについて考えてみる．交通システムという全体のレベルでは"渋滞"という状態が発生するが，個々の自動車や道路という下位のレベルだけでは"渋滞"という状態は存在しえず，また予想も難しい．言い換えれば，"渋滞"という状態は個々の自動車や道路などのレベルから上位レベルにおいて発現した状態であるといえる．システム論においては，この下位レベルの階層から上位レベルの階層に新しい性質や特性が発現することを創発と定義している．すなわち，システム論における創発とは，下位レベルからのボトムアップに基礎をおいた概念である．

　ここで，創発の概念には，このシステム論のように，ボトムアップの単方向のみに基礎をおく立場と，先に述べた人工生命分野のように，ボトムアップとトップダウンの双方向過程を有する立場の，ふたつの立場が存在する．本章においては，デザイン科学の立場から創発を論ずるものであり，デザイン行為が創発におけるボトムアップとトップダウンに相当する両過程を有することから，人工生命の分野における創発の概念を捉えて，話を進めることとする．

7.2.2 自然界における創発現象

自然界では，同一の環境においても多様な生物種が存在する．生物学や生態学の分野において，マクロな挙動を解明するためには，これまでの還元主義的な考え方では不十分であることが指摘され，このような多様な生物種は，創発の過程により生み出されると考えられはじめた [9]．有機的な組織では，ある機能を実現するために全体を構成している要素も，局所的に見れば，全体の一部としてではなく，自律的な挙動を示している．この現象に関して，以降にいくつかの例を挙げて説明する．

● アリの歩く道

コリンズ（Collins）らによるアリのモデル [10] を挙げ，創発現象についての具体例を示す．アリには，餌を持っているとフェロモンを出す性質がある．また，アリの運動はフェロモンの濃度勾配から大きく影響を受け，その濃度が高い方向に向かう習性を持つ．これらのアリの性質を再現したモデルのなかでは，次のような現象が確認された．

図 7.3 のように，一匹のアリが餌を発見すると，そのアリが出したフェロモンにより他のアリが集まり，そこで多数のアリがフェロモンを出すことから，やがてアリの巣から餌に至るフェロモンの道が形成される．そして，一度フェロモンの道が形成されると，アリはその道にしたがって運動するようになる．この現象において，アリと餌とフェロモンとの局所的な相互作用がフェロモンの道という大域的な秩序を発現し，この大域的な秩序がアリの行動を拘束していると見なすことができる．つまり，アリが道を作り，効率的に餌を採取する

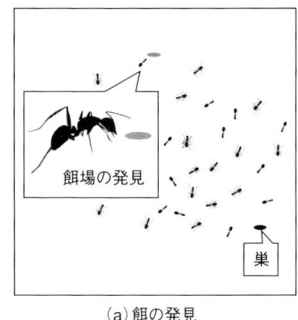

(a) 餌の発見　　(b) フェロモンの道形成　　(c) アリの道形成

図 7.3　アリのフェロモンの道

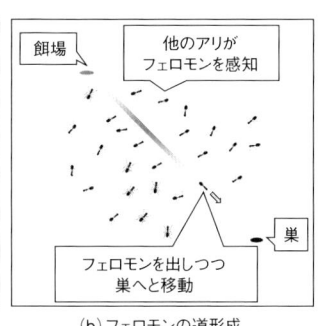

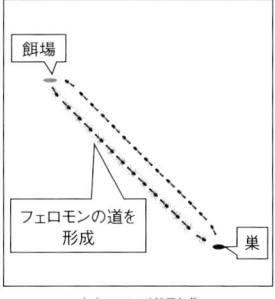

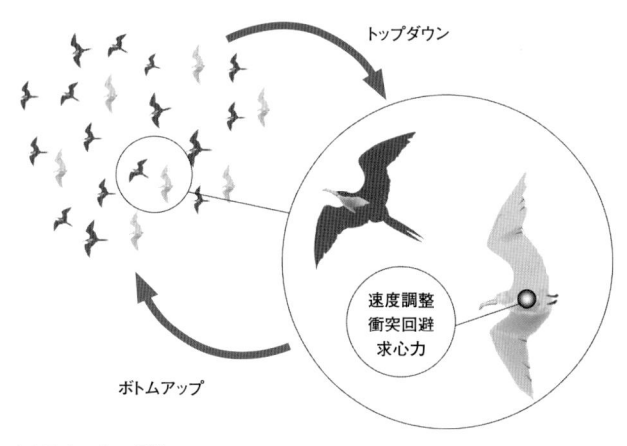

図 7.4　鳥の群れ

行動は創発現象と考えることができる.

● 鳥の群れ

　創発現象として，レイノルズ（Reynolds）による鳥の群れのモデル [11]（図7.4）が挙げられる．鳥の群れのなかでは，各々の鳥は自分のごく近くにいる鳥の動きだけを見て，自分が飛ぶ速さや方向を決める．あまり近づきすぎるとぶつかるし，あまり離れると群れからはぐれてしまうため，適当な距離を保ちながら飛ぶことになる．この場合，構成要素は鳥，局所的な相互作用は衝突回避，速度調整および群れからはぐれないための求心力である．この構成要素と局所的な相互作用が，群れ全体の大域的な秩序を生み出し，それがまたそれぞれの鳥の飛び方に反映される．

　この鳥の群れをコンピュータ上で再現してみると，トップダウン的にある構成要素から他の構成要素に対して命令を送るモデルを作成すると動きはぎこちなく，障害物や環境の変化に対応できない．しかし，ボトムアップ的に構成要素間の単純ルールを追加することで，環境の変化にも柔軟に対応できる群れをつくることができる．このようなボトムアップとトップダウンのふたつの動的な過程は創発現象と捉えることができる．

7.2.3　人間社会における創発現象

　自然界だけでなく，人間社会においても創発現象は見受けられる．人間社会

においては，個人や組織が構成要素となり，要素間の相互作用によって様々な秩序や行動が発現する．たとえば，文化や都市などがそれにあたる．ここではそのような社会における創発現象について，例を挙げて説明する．

● 江戸の自治組織による治安維持

江戸の町では，町中を巡回して治安を守る，現在の警察官に相当する「三廻り」と呼ばれる人数は，当時わずかに24人であった．人口が50万人以上の町における警察官の人数としては極めて少なかったといえる．しかし，意外にも江戸の町では犯罪は少なく，治安は維持されていたようである．では，少人数の警察官による治安維持をいかにして実現していたのだろうか．その答えは，江戸の町人により構成された自治組織にあるといわれている[12]．

江戸の自治組織は，頂点に町年寄，その下に現在の町長の地位にあたる町名主，さらにその下に家主と，すべて町人により構成されていた．これらの役職は，それぞれ明確な役割が決まっていた．町年寄や町名主は，現在の地方自治体に相当する役割を担っていた．また，家主は五人組と呼ばれる組を作り，喧嘩の仲裁，道路の修理，火の番などの町の雑用を担当していた．そして，これらの階層的な役割は，単に幕府からのトップダウン的な治安維持とは異なる，ボトムアップを伴う「犯罪の起きにくい町」を創発した（図7.5参照）．町人による自治組織により，犯罪が起きにくい，あるいは起きても対処しやすいという大域的な秩序を生み出し，同時に，その秩序は，トップダウン的に構成要素

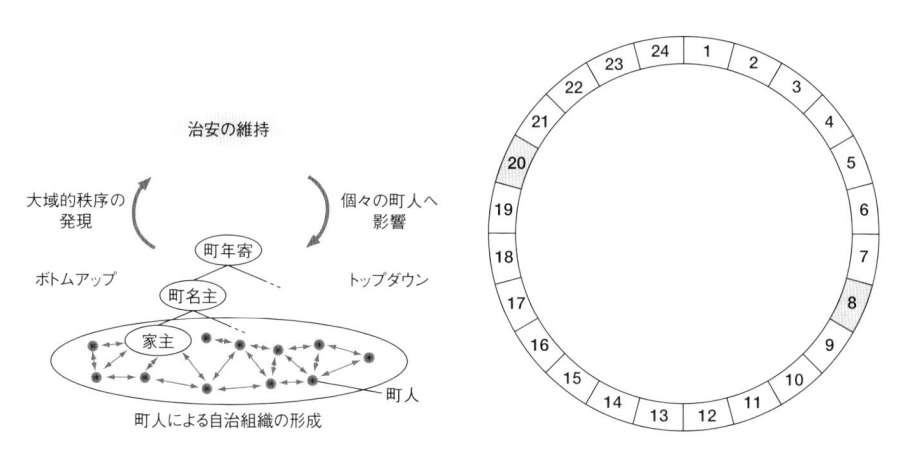

図7.5　江戸の自治組織の形成による治安維持　　図7.6　24の地区に等分割された都市モデル

7.2　創発とは

である町人の行動にも良い影響を与えていったのである．この江戸の町におけるボトムアップとトップダウンの双方向性は，人間社会における創発現象のひとつであるといえるだろう．

● 都市における商業地の形成

クラグマン（Krugman）[13]は簡単化した都市モデルを用いて，複数の企業が集中する商業地が自己組織的に形成されるシミュレーションを行った．簡単化した都市モデルは，環状で一次元の都市で，図7.6のような24の地区に等分割されている．この都市において，住人が何らかの経済活動を行っており，企業が均等もしくはランダムに分布している初期状態を想定する．このような環境のもと，企業間のふたつの局所ルールを設定する．ひとつは，「企業の分散を促す力と企業の集中を促す力のつりあいがとれていること」である．もうひとつは，「企業どうしは近隣に立地することを好むが，少し離れて立地することは好まない」である．このふたつの局所ルールのもと，設定した初期状態から時間を経過させることにより，図7.7に示すように地区ごとに徐々に企業の密集率が変化する．初期の段階において，他の地区よりも高い密集率を示す地区がボトムアップ的に出現する．このような地区が出現することで，企業間の局所的関係に影響を与え，トップダウン的に企業の挙動は拘束される．さらに，時間の経過とともに企業の密集率は変化する．その結果，図7.7に示すような

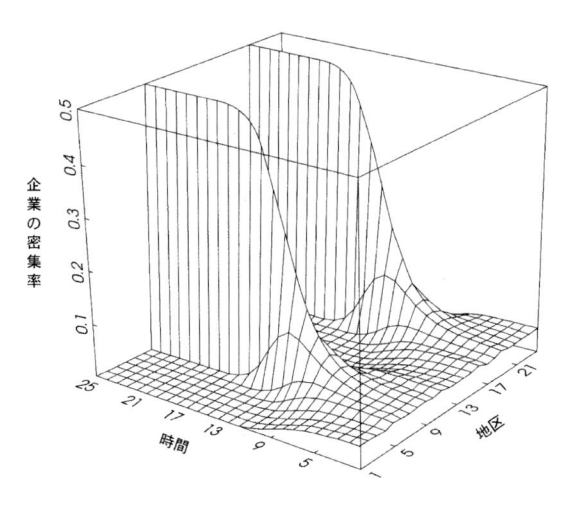

図7.7 商業地の自己組織的な形成 [15]

企業が集中するふたつの商業地が形成された．その地区は，図 7.6 における 8 と 20 の地区である．このように，この都市におけるシミュレーションの場合，まず，ボトムアップ的に商業地の形成という大域的秩序を生み出し，その秩序がトップダウン的に構成要素である企業の挙動を拘束していることから，この商業地の形成も創発現象と捉えることができる．

7.3 創発デザイン

7.3.1 創発とデザインの類似性

これまでに，創発の現象にはボトムアップとトップダウンのふたつの過程が存在することを説明した．では，デザインという人間の創造的な行為においてはどうであろうか．この点について，以降では，デザインと創発の類似性の観点から考察する．

デザイン行為は，一般に，上流過程と下流過程に大別される．上流過程では，デザインのコンセプトや目標を決定する「概念デザイン」(conceptual design) と基本的な仕様や構造などを決定する「基本デザイン」(basic design) が行われる．下流過程では，上流過程で決定されたコンセプトや基本的な仕様などを受け，部品の材料や寸法などの細部にわたる決定を行う「詳細デザイン」(detailed design) が行われる．そして，この上流過程と下流過程で行われる，各デザイン行為の特徴は異なっている．

上流過程においては，デザイン目標や制約条件が不明確であるため，広い解空間の中から新しく多様なデザイン解候補を模索する．そのため，複雑な非線形性を有する多峰性問題 (図 7.8 (b)) や異なる位相間の問題として，ヒューリスティック（発見的）に大域的解探索を行う．このとき，デザイナーや設計者の直観や経験を用いて，試行錯誤的に新しくかつ多様なデザイン解候補を導き出すことが一般的である．このようにデザインの上流過程においては，ヒューリスティックな試行錯誤が行われることから，創発におけるボトムアップとトップダウンの双方向に相当する過程が顕著に現れることが特徴的である．

一方，下流過程においては，上流過程で導き出されたデザイン解候補に基づいて，明確化されたデザイン目標や制約条件のもと，ある程度まで絞られた解空間の中で最適化を行う．このため，単純な単峰性問題 (図 7.8 (a)) や位相内の問題として，デザイン解の局所的探索を行う．この解探索においては，上流

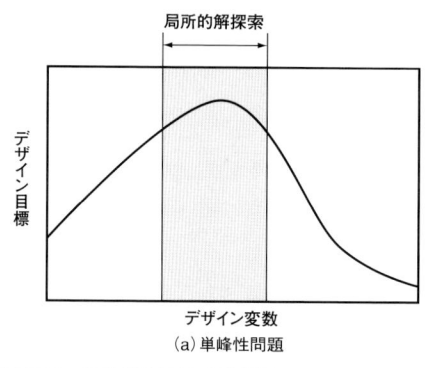

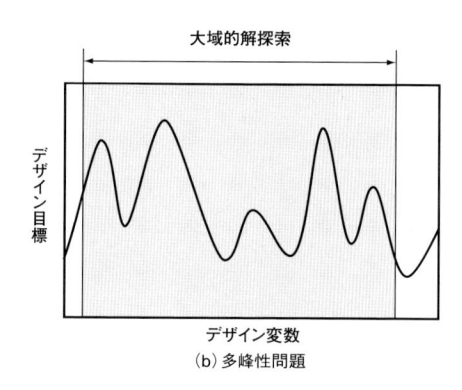

図 7.8　単峰性問題と多峰性問題

過程で得られたデザイン解候補の全体から，各部分を最適化するトップダウンが主体となる．したがって，創発における双方向に相当する過程は存在するものの，上流過程に比べるとボトムアップが相対的に少なく，トップダウンへの依存度が高いといえる．

　このようなデザイン行為と前述した創発現象の各特徴を比較すると，両者には類似性を見出すことができる．特にデザインの上流過程において，その類似性が高いといえる．上流過程のように，不明確なデザイン目標や制約条件のもとでデザイン解候補を抽出する際，デザイナーや設計者の直観や偶然性に依存するところが大きい．つまり，上流過程で得られるデザイン解候補は，決して合目的性を有する論理に支配されて導出されるわけではなく，デザイン解候補の構成要素が組み合わされることにより偶発的に形成される傾向が認められる．そのため，デザイン行為において，新しくかつ多様なデザイン解候補が発現する過程は，創発過程におけるボトムアップとトップダウンが共存する過程と本質的には同様であるといえる．一方，デザイン解候補の詳細部分がトップダウン的に最適化される下流過程は，創発過程における全体の特性により構成要素がトップダウン的に拘束されるという過程に類似している．このように，デザイン行為と創発現象は，その基本的な特徴において類似性を有しており，特にその類似性が高いデザインの上流過程においては，創発の概念がデザインに応用される可能性を示唆している．

7.3.2　創発デザインにおけるボトムアップとトップダウン

　一般に，デザイン行為が上流過程から下流過程へと推移していくに従い，デ

表 7.1　デザイン方法の特徴比較

	創発デザイン		最適デザイン
	ボトムアップ過程	トップダウン過程	
デザイン目標	不明確	明確	明確
制約条件	不明確	明確	明確
デザイン解	新しく，多様な解候補	新しく，多様な解	唯一の解

ザイン目標や条件は徐々に明確化される．また，この推移に伴い，適用されるデザイン方法も変化し，デザインの上流過程と下流過程において異なる特徴を有することは，先に述べたとおりである．

　デザイン上流過程においては，ボトムアップとトップダウンの双方向性を有する「創発デザイン」(emergent design) が行われる．ここで，創発デザインとは，デザイン目標や制約条件が不明確な条件下，ボトムアップ的に解候補の案を発現し，トップダウン的に最適化を行う双方向性の過程を有するデザインである．この双方向性の過程を繰り返すことにより，新しくかつ多様なデザイン解候補を導出する．一方，デザイン下流過程においてはトップダウンによる単方向的な「最適デザイン」(optimum design) が主に行われる．ここで，最適デザインとは，明確なデザイン目標や制約条件のもとで最適な唯一のデザイン解を決定するデザインである．創発デザインと最適デザインの特徴比較を表 7.1 に示す．この表が示すように，最適デザインでは唯一のデザイン解を導出するのに対して，創発デザインは新しくかつ多様なデザイン解候補を導出することが可能である．

　この双方向性を有する創発デザインをデザイン上流過程から下流過程まで包含したデザイン方法として捉えると創発デザインの基本構造は，図 7.9 のようになる．

　創発デザインのボトムアップ過程は，図 7.9 (a) に示すように，創発過程における構成要素の相互作用により，デザイン解候補がボトムアップ的に発現する過程である．一般に，デザイン上流過程においては，デザイン目標が明確でない場合が多く，制約条件も少ないため，的確なデザイン条件を与えることは困難である．そのため，大域的な解探索を行う必要があり，不明確なデザイン条件のもと，新しく，多様なデザイン解候補を導出する．このとき，従来の工学的デザイン方法のように特定のデザイン目標に対して最適化を行うのではなく，制約条件の設定が可能な場合には，制約条件に関する低い評価基準を設定

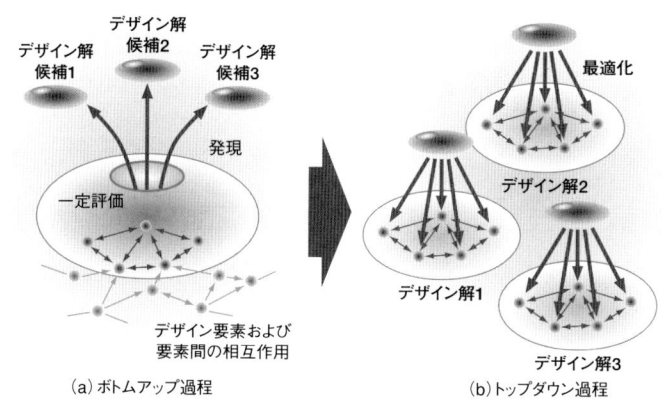

図 7.9 創発デザイン

し，その基準を満足したときにデザイン解候補とする．トップダウン過程は，ボトムアップ過程において発現したデザイン解候補の構成要素が拘束され，その拘束の条件下でデザイン解が導出される過程である．

トップダウン過程においては，ボトムアップ過程ですでにデザイン解候補が導出されていることから，デザイン目標と制約条件がより明確になっている．トップダウン過程において設定されたデザイン目標と制約条件により，ボトムアップ過程で得られた多様なデザイン解候補は，さらに細部を修正することにより最適化される．この場合，図 7.9 (b) に示すように，要素間の関係を変化させない範囲で各要素の最適化が進められる．

このように，創発デザインにおいては，ボトムアップ過程において得られた解の多様性を保持しつつ，トップダウン過程において新しくかつ多様なデザイン解を導出することが可能となる．

7.4 創発デザインシステム

7.4.1 システムの概要

ここでは，創発デザインの概念を具体的な人工物デザインへ応用するために開発された創発デザインシステムについて紹介する [14]，[15]．このシステムは，細胞分裂による生物の形態形成過程に基づき基本形状（位相）を生成するボトムアップ過程と，環境への形態の適応過程に基づき基本形状を最適化する

トップダウン過程という，これらふたつの過程により構成される．

ボトムアップ過程においては，形状を要素の集合として表現し，局所的な相互作用により自己組織的に複雑な自己形成パタンを発現するセルラ・オートマトンを応用している．また，セルラ・オートマトンのルール上に，ある細胞が他の隣接細胞へ作用して特定の形質へ変化させる「誘導」と，個体発生を統制する頂部組織による支配的な形態形成である「頂部支配」を埋め込んである．本システムでは，これらの細胞増殖の活性化を促す「誘導」と抑制を促す「頂部支配」を任意の比率で合成させることで，デザイナーや設計者の設定した評価基準を満足する多様な形状が自己組織的に生成されることを想定している．

一方，トップダウン過程においては，ボトムアップ過程で生成された多様な形状を，最適性規準法もしくは均質化法を用いて最適化する．本システムでは，これらの手法により，設計者が設定する評価項目に対して最適化された多様な形状が生成されることを想定している．

このようなボトムアップ過程とトップダウン過程の両者から構成される本システムは，多様なデザイン解の提案によって，これまでデザイナーや設計者が行ってきたデザイン解の発想や評価を代行するものと考えられる．そして，人間が思いつかないような新しくかつ多様なデザイン解をコンピュータ自らが考え，3次元形状として提案することで，デザイナーや設計者のデザイン支援に繋げていくことをねらいとしている．以降では，ボトムアップ過程における具体的な形状生成法と，トップダウン過程における具体的な形状最適化法について詳述する．

7.4.2 システムの基本構造

創発デザインシステムは，図 7.10 に示すように，創発にみられるボトムアップとトップダウンに相当するふたつの過程を有している．

ボトムアップ過程においては，特定の目的関数を設定せずに自己組織的に多数の形状が生成される．そして，生成された形状のうち，設定した低い評価基準を満足するものはデザイン解候補として選定される．このデザイン解候補が目標の数に達するまで，形状生成は繰り返される．なお，このとき，設定する評価項目は，重量や強度といった力学特性だけでなく，定量化が可能な評価項目であれば複数設定することが可能である．一方，トップダウン過程においては，ボトムアップ過程において導出されたデザイン解候補の力学特性を有限要素解析により算出し，算出された評価をもとに形状変換を行う．そして，設定

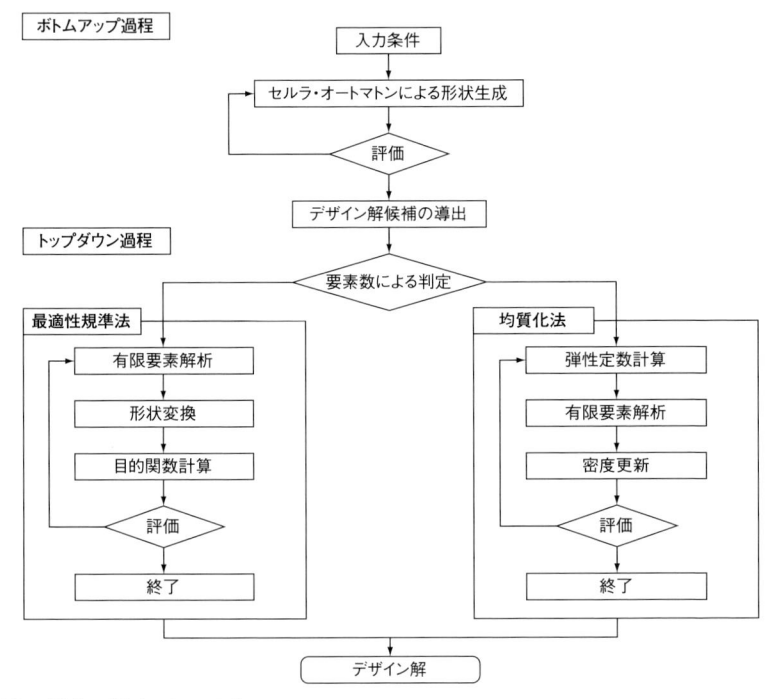

図 7.10　創発デザインシステム

した制約条件を満足した場合に，デザイン解として抽出する．このプロセスを，ボトムアップ過程において導出されたデザイン解候補に実行することにより，新しく多様なデザイン解を導出することを可能とする．

このように，創発デザインシステムでは，ボトムアップ過程における新しく多様な解候補の導出，トップダウン過程における解候補の最適化という，役割の異なるふたつの過程を有することで，従来では難しかった斬新で多様なデザイン解をコンピュータが自ら生成することを可能としている．以降には，このシステムの重要な特徴である，ボトムアップ過程の自己組織的な形状生成方法とトップダウン過程の形状最適化方法について述べる．

7.4.3　ボトムアップ過程における形状生成方法

自己組織的な形状生成方法を構築するために，セルラ・オートマトン（Cellular Automata，以後 CA と略記する）に着目した [16]．CA においては，有

限個 (n 個) の離散状態 S を有する要素 C の状態が，離散的な時間ステップ t の更新とともに自己と近傍要素 N の状態を入力として状態遷移関数 F により変化していく．時間ステップ $t+1$ における要素 C の状態 $C^{[t+1]}$ は，次式のように表される．

$$C^{[t+1]} = F\left(C^{[t]},\ N^{[t]}\right) \tag{1}$$
$$C = \{S_1,\ S_2 \cdots,\ S_{n-1},\ S_n\}$$

離散状態 S を要素の有無という 2 状態 ($n = 2$) とし，要素の集合として形状を表現する．形状は，要素の局所的な相互作用を記述した状態遷移関数により，自己組織的に生成される．ただし，一般に CA により生成される形状は初期形状に依存することが報告されている [17]．これによると，特定の初期形状を設定することは，生成される形状の範囲を限定し，多様な形状の生成が妨げられる要因になることが考えられる．そこで，特定の初期形状を設定せず，単一要素（初期要素）から形状を生成することとした．CA を用いた形状生成の研究においては，一般的に，すべての要素が状態遷移を行うが，本方法においては，すでに生成された形状を構成する要素の近傍要素のみが状態遷移を行うこととした．また，一般的に，CA においては，要素の次の状態を出力とするのに対し，本方法においては，要素の発生方向を出力とした．この方法の構築にあたり，上記の特徴を満足する状態遷移関数の入出力情報を決定する必要がある．

これを決定するために，単一の細胞から細胞の増殖を繰り返して個体を形成する生物の発生過程に着目した．発生生物学において，細胞増殖の繰り返しにより生物の形態が発現する現象を，形態形成という [18], [19]．本方法においては，生物における多様な形態形成に関与する発生特性である誘導 (induction) および頂部支配 (apical dominance) を応用した．以下，誘導と頂部支配について述べる．

● **誘導**

誘導とは，生物の形態形成において，ある細胞が他の隣接細胞へ作用して，その隣接細胞を特定の形質へ変化させる特性である．この特性は，図 7.11 に示すように，個々の細胞が局所的な相互作用を生じ，隣接細胞の発生に影響を与える特性であると捉えられる．

本システムでは，この誘導における細胞間の局所的な作用をシステム上の要素間の作用に置き換え，ボトムアップ過程における形状生成方法に応用した．

図 7.11　誘導

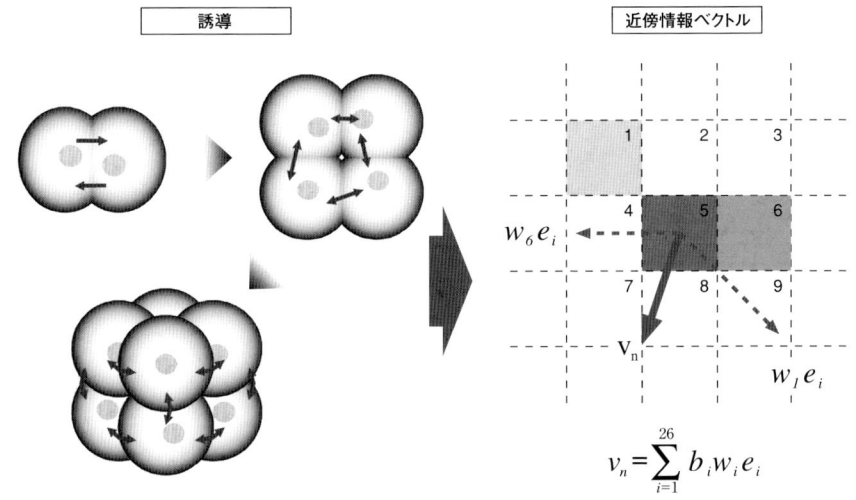

隣接細胞との相互作用による細胞増殖の活性化

形状生成の過程において，生成された形状を構成するすべての要素は，それを囲む近傍要素に作用を及ぼしていると考える．この作用により，近傍要素に存在する要素は，あるベクトルを受ける．このベクトルは，作用を及ぼす要素から作用を受ける要素へ向かう方向と，その方向に応じた大きさを有する．ここで，形状生成空間内の要素のなかで，要素発生の判定を行う要素を注目要素と呼ぶこととする．複数の近傍要素を持つ注目要素が受けるベクトルは，図 7.11 に示すように，近傍要素のそれぞれが注目要素に与えるベクトルを合成したベクトルとなる．このベクトルは注目要素の近傍における情報を反映するため，近傍情報ベクトル v_n と呼び，次式のように表される．

$$v_n = \sum_{i=1}^{26} b_i w_i e_i \tag{2}$$

ここで，i は近傍要素番号，b_i は 1 または 0 の値をとる要素の有無，w_i はベクトルの係数，e_i は近傍要素から注目要素へ向かう方向の単位ベクトルである．誘導は細長く複雑な形状生成空間においても，要素発生が可能なため，多様な環境に対応可能な特性である．そのため，薄板で構成されるモノコックのような制約条件の多い形状生成空間においても，多様な形状の創出が可能となる．

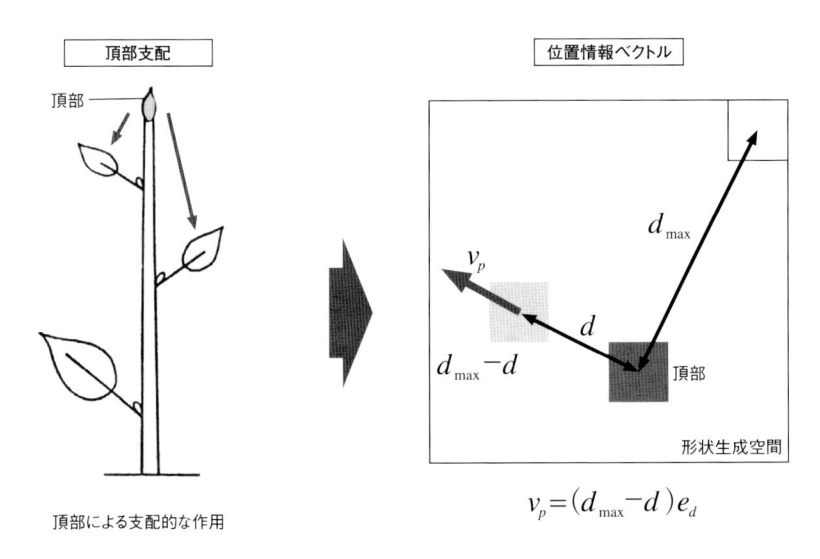

図 7.12 頂部支配

● 頂部支配

　頂部支配とは，頂部 (apex) と呼ばれる個体発生を統制する役割を担う組織により，支配的に形態形成を行う特性である．この支配的な作用は，図 7.12 に示すように，頂部からの距離が近いほど大きいといわれている．この特性は，頂部が他の組織へ支配的に作用することで，個体の形態形成に影響を与える特性である．

　本システムでは，この頂部支配における頂部からの距離に対応する作用をシステム上の要素間の作用に置き換え，ボトムアップ過程における形状生成方法に応用した．本システムにおいて，形状を発生させる際の初期要素を頂部とした場合，形状を構成するすべての要素に，初期要素から位置情報を伝えるための支配的な作用が生じていると考える．形状生成空間の各要素は，この作用により，次式のような位置情報ベクトル v_p を生じる．

$$v_p = (d_{max} - d) e_d \tag{3}$$

　ここで，d_{max} は頂部と頂部から最も遠い要素との距離，d は頂部と注目要素との距離，e_d は頂部から注目要素へ向かう方向の単位ベクトルである．本システムにおいて，頂部の考え方は図面における基準点や基準線に相当する．人工

物のデザインでは図面における基準点や基準線を基準にデザインを行う場合が多く，これらを基準にして部品を組み合わせることで機能を満足する人工物をデザインする．この考えにならえば，個体発生を統制する頂部は，図面における基準点に相当し，頂部を機能の中心に設定することで，機能を満足する形状を生成する可能性を有する特性である．

本システムでは，これらの誘導と頂部支配を合成したベクトルを CA の入力とし，次に発生する要素の方向を出力とする．これにより，ボトムアップ過程における自己組織的な形状生成方法とした．

7.4.4 トップダウン過程における形状最適化方法

ボトムアップ過程で得られた多様な形状を最適化するために，トップダウン過程においては最適性規準法を用いた最適化，または均質化法を用いた位相最適化を行う．

最適性規準法とは，デザイン解が満たされるべき最適性規準をあらかじめ定義し，その規準を満足する解を反復計算により求める方法である．強度と重量を合成した式 (4) を最適性規準と定義し，形状の強度を増加させるための強度増加変換と形状の重量を減少させるための重量減少変換のふたつの形状変換により最適化を行う．

$$\text{maximize } \phi^{(n)}$$

$$\phi^{(n)} = \frac{M^{(n-1)} - M^{(n)}}{M^{(n-1)}} + \zeta \left(1 - \frac{\overline{\sigma}_{\max}^{(n)}}{\overline{\sigma}_{\text{al}}}\right) \qquad (4)$$

$$\zeta = \begin{cases} 1, & \text{for } \overline{\sigma}_{\max}^{(n)} > \overline{\sigma}_{\text{al}} \\ 0, & \text{for } \overline{\sigma}_{\max}^{(n)} \leq \overline{\sigma}_{\text{al}} \end{cases}$$

ここで，$M^{(n)}$ は形状変換の世代 n における総重量，$\overline{\sigma}_{\max}^{(n)}$ は世代 n における最大相当応力値，$\overline{\sigma}_{\text{al}}$ は許容応力値である．強度増加変換では，ボトムアップ過程において導出されたデザイン解候補が，トップダウン過程において新たに設定した強度に関する制約条件を必ずしも満足しているとは限らない．そこで，本変換においては，強度の増加を目的とした変換を行う．具体的には，まず，相当応力分布により最大相当応力値を有する節点を算出する．そして，図 7.13 (a) に示されるように，その節点における応力値が許容応力を超えている場合に，その節点の周りすべてに要素を付加する．この形状変換により，トップダウン過程における目的となる軽量化に関する評価値は減少するが，制約条件で

(a) 強度増加変換　　　　　　　　　(b) 重量減少変換

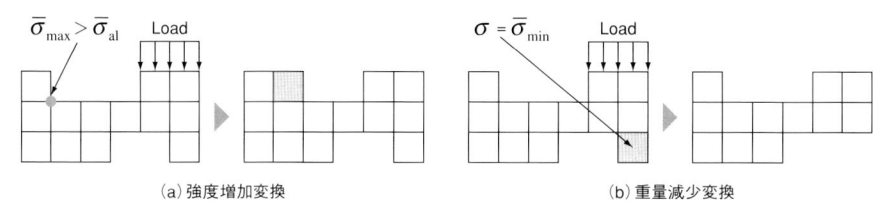

図 7.13　形状変換

ある強度に関する評価値は増加する．重量減少変換では，形状の軽量化を目的とした変換を行う．具体的には，図 7.13 (b) に示されるように，相当応力分布により，最小相当応力値を有する要素を算出し，その要素を削除することで，軽量化を進める．この強度増加変換と重量減少変換のふたつの変換を繰り返し行うことにより，強度を満たしかつ軽量化された形状が生成される．

　一方の均質化法の考え方は以下のとおりである．まず，デザイン領域が周期性を有する微小構造で構成されていると仮定し，この微小構造をミクロ構造，それに対するデザイン領域全体をマクロ構造とすると，このミクロ構造とマクロ構造との関係からマクロ的に平均化された材料定数を算出する手法である[20]．均質化法による位相最適化は，図 7.14 のように，デザイン領域全体が規則正しく，周期性をもった非常に小さな直方体の穴が空いている多孔質体で構成されていると仮定し，これらの平均化したマクロ弾性定数を均質化法により計算する．そして，均質化された各部の弾性テンソルを用いて領域の状態方程式を有限要素法で解き，目的関数と制約条件を満足するまで繰り返し計算を行う[22]．このような均質化法を用いた位相最適化では，結果として，応力が負荷される部位では穴が塞がり密度が増し，応力が負荷されない部位では穴が広がり密度が減少することにより，正規化された 0 から 1 の値をとる密度分布が求められる．

　最適性規準法では，要素の増加と減少を繰り返すことにより形状の最適化を行う．そのため，形状変換は各要素に対して逐次的に行われるため，要素数が 1 万個を超えるような場合，計算に多大な時間を要する．一方，均質化法ではデザイン領域内のミクロ構造とマクロ構造の関係から材料定数を算出し，要素を減少させることにより最適化を行う．そのため，均質化法では最適性規準法の逐次的な形状変換とは異なり，並列的に計算を行うので，計算の効率性に優れている．

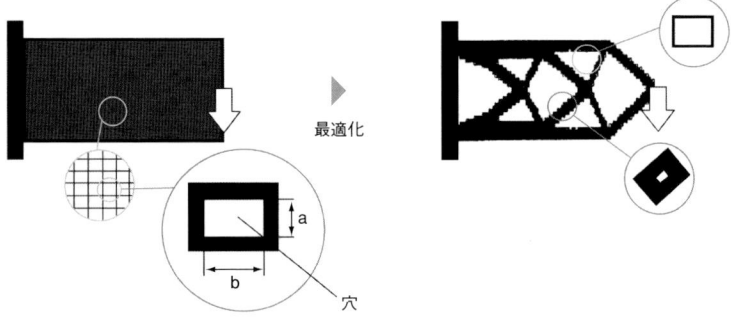

図 7.14 均質化法による位相最適化 [21]

7.5 創発デザインシステムを用いた人工物デザイン ——慶應先端デザインスクールの創験

　これまでに，創発デザインシステムについての概説を行った．ここでは，この創発デザインシステムを用いて，人工物のデザインに適用したいくつかの創験（創造の実験的試行や兆し）を紹介する．なお，これらの多くは，慶應義塾大学の 21 世紀 COE プログラム「知能化から生命化へのシステムデザイン」における「慶應先端デザインスクール」の活動によるものであり，大学院生を主体とした学生による創験である．

7.5.1 多様な椅子のデザイン

　椅子のデザインでは，多様な形状が存在し，材料力学，機械力学などをはじめとするあらゆる構造面の特性に加えて，意匠や感性に関する問題など，様々な問題を考慮して決定されなければならない．そこで多様な 3 次元形状を導出できる創発デザインシステムを用いて，マグネシウム製の軽い新形状の椅子のデザインを試みた．
　形状の生成過程であるボトムアップ過程においては，一定の形状が生成される空間内において形状生成を行う．椅子として成立する条件として座面の形成度，接地面の形成度および安定度を評価項目とし，この 3 項目を満足する形状をデザイン解候補とした．ボトムアップ過程における形状生成の様子，および導出された椅子の形状生成例を図 7.15，7.16 に示す．図 7.16 に示すように，脚部が特徴的な形状，背もたれの有無，広い座面部を有する形状，骨組状の形状

など，多様でかつ従来の椅子とは異なる斬新な形状が生成されている．しかも，それらはすべて，先述の座面や接地面の形成度などの，椅子として必要な一定の条件を満足している．

後半の過程であるトップダウン過程においては，ボトムアップ過程により導出された多様なデザイン解候補がそれぞれ最適化されて，多様なデザイン解となる．なお，この最適化では，要素数が少数であり，計算時間が比較的に少ないことから，最適性規準法を用いた．実行した過程を図 7.17 に示す．このトップダウン過程においては，ボトムアップ過程で生成された解候補を初期形状として，強度の弱い部位に要素を付加し，強度に余裕がある部位には要素を削減するといった繰り返しを行うことにより，設定された一定の強度条件のもとに軽量化が進められた．また，本トップダウン過程においても，ボトムアップ過程で得られた初期形状の特徴を保持しつつ，形状の最適化が行われていることが確認できた．このことは，ボトムアップ過程で新しく多様な解候補を導出し，トップダウン過程でその解候補を最適化するという，本システムの有効性を示しているものであった．

次に，本システムによって生成された形状を学生に提示し，それらをもとにスケッチを行った．スケッチされた形状の例を図 7.18 に示す．一般

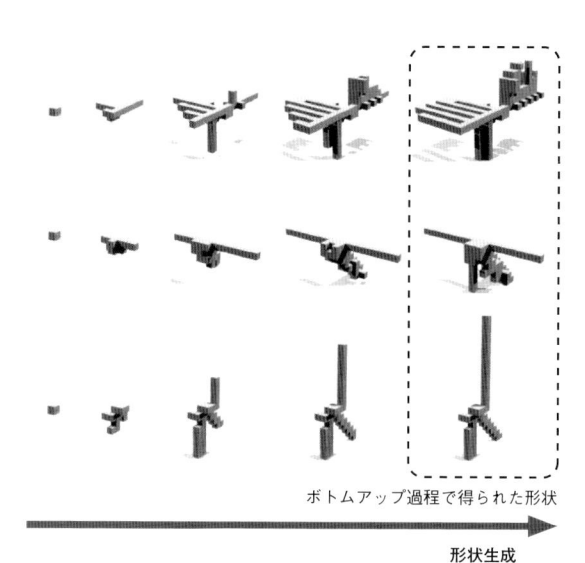

図 7.15　ボトムアップ過程における椅子の形状生成過程

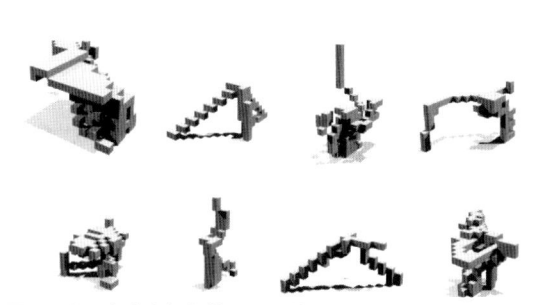

図 7.16　生成された椅子の形状の例

7.5　創発デザインシステムを用いた人工物デザイン

に，椅子のデザインには，対称な形状や面で構成された形状が多い．事前に本システムを使用せずに学生がスケッチした椅子の形状においても，そのことは確認されている．しかし，本システムが生成した形状をもとにしてスケッチを行ったことから，従来では発想されなかった非対称や塊状の形状も含まれている．しかも，軽量化を考慮して体積を小さくしたものも多く含まれており，最適化の効果も認められる．これらの結果は，本システムで生成された多様な形状を提示することが，機能的にも意匠的にも効果があり，しかも多様で斬新なデザイン解が新たに得られることを示している．このことは，本創発デザインシステムが人工物のデザイン支援に利用可能であることを示唆していると考えられる．

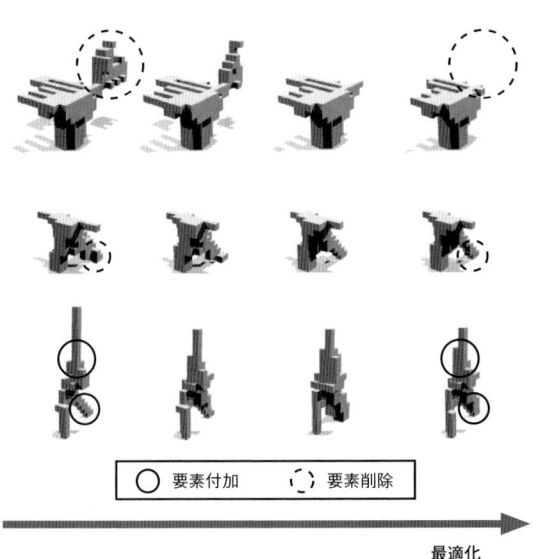

図 7.17　トップダウン過程における椅子の形状最適化過程

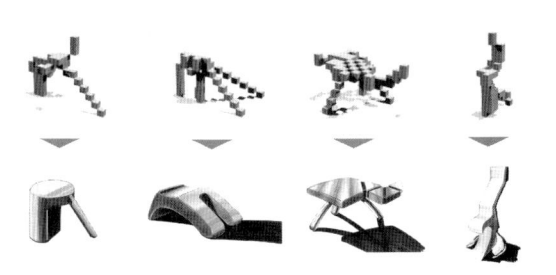

図 7.18　スケッチされた椅子の形状の例

7.5.2 高剛性・軽量車体ボディのデザイン

車体ボディの合理化による自動車の車体軽量化は，自動車の機械的性能や燃費などの向上に大きく影響するため，自動車の開発において極めて重要な課題である．このため現在までに，車体ボディの合理化を達成すべく，様々な最適化法の適用が試みられてきた．しかし，最適化法により得られる車体ボディは，デザイナーが設定した初期形状に依存しており，従来にない革新的なボディ形状を創出するには至っていない．そこで，多様な初期形状を生成することが可能な創発デザインシステ

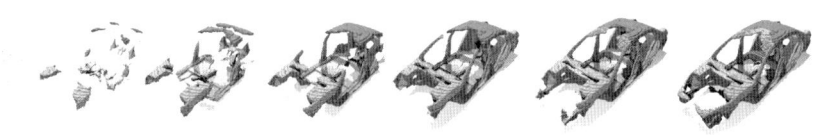

図 7.19 ボトムアップ過程における車体ボディの形状生成過程

ムの適用を試みた．

まず，一定の形状生成空間のもと，ボトムアップ過程において多様な形状を生成させた．その際の，自己組織的に多様な形状が生成されている様子を図 7.19 に示す．また，生成された形状の事例を図 7.20 に示す．生成された形状はルーフ，フロア，フロント部位などにおいて従来の車体ボディとは異なる特徴を有しており，多様なデザイン解候補として採用された．

次に，これらのデザイン解候補をそれぞれ，トップダウン過程において最適化した．最適化においては，曲げ剛性，ねじり剛性，エンジンルーム剛性，ピラー

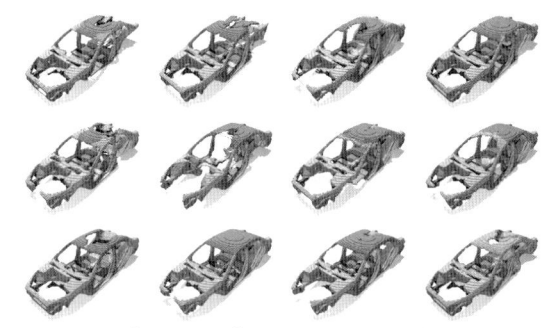

図 7.20 ボトムアップ過程における車体ボディの生成形状の例

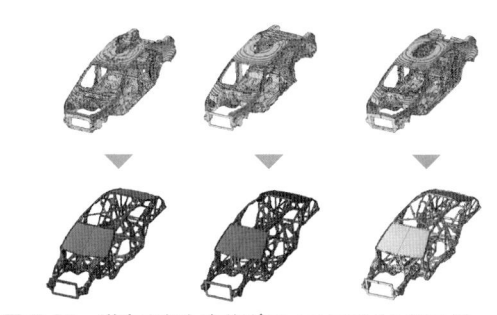

図 7.21 導出された車体ボディのデザイン解の例

横剛性の高剛性化と軽量化を図った．なお，この際，形状の要素数が 1 万個を越えるため，均質化法による位相最適化を行った．

本システムにより得られた解の例を図 7.21 に示す．これらの形状は，従来の車体ボディと異なり，有機的な印象を与えるものであった．また，曲げ剛性やねじり剛性などにおいて従来並あるいはそれ以上の高剛性を確保しつつも，25 % 以上の軽量化が見込まれるものであった．このことは，創発デザインシステムが，高剛性・軽量化を実現する従来にない新たな車体ボディの形状創出

7.5 創発デザインシステムを用いた人工物デザイン

の可能性を示しているものと考える．さらに，今回のようにデザイン目標やデザイン条件が明確な場合においては，本システムが各条件を満たす多様なデザイン解が自動的に形状生成されるという，デザインの自動化の可能性も示唆された．

7.5.3　人工股関節ステムのデザイン

　人工股関節は，関節部のカップとボール，および大腿骨部に挿入するステムから構成され，人工股関節全置換手術時に用いられる人工器官である．国内では年間約7万件以上の手術が行われており，今後も多くの需要が予想されている．置換手術後は関節の動きを保持しつつ，股関節症などによる痛みをとることが可能となる．しかし，人工股関節の装着により，装着後の大腿骨に対して自然な荷重分散が行われず，応力の小さい部位での骨吸収が原因となり，解離が起こることがある [23]．この問題は，ステムの形状に大きく影響を受けるため，ステムの形状デザインは人工股関節の性能に大きく作用する．以上のような背景を鑑み，創発デザインシステムを人工股関節ステム形状のデザインに適用した．

　まず，ボトムアップ過程においては，一定の形状生成空間において形状を生成した．その過程および生成された形状例を図 7.22，7.23 に示す．これより，長さが異なる形状，位相の異なる形状，および骨組み形状など様々な特徴を有する多様な形状が生成されることが確認された．

　トップダウン過程においては，ステムを体内に挿入した場合を想定して最適化を行った．本適用では車体ボディと同様に要素数を考慮して均質化法による位相最適化を実行し，強度要件と体積を考慮した．さらに，ボトムアップ過程で得られた形状をトップダウン過程により最適化した結果の一例を図 7.24

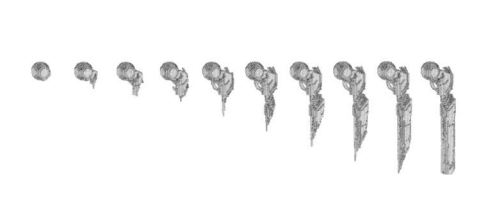

図 7.22　ボトムアップ過程における人工股関節ステムの形状生成過程

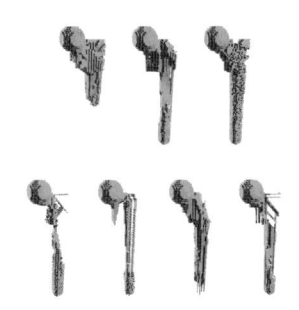

図 7.23　ボトムアップ過程における人工股関節ステムの生成形状の例

に示す．この図が示すように，異なる位相を持ち，多様な構造を有した形状が導出されている．また，これらの形状は十分な強度を保持し，かつ軽量化された多様なデザイン解であることが確認されており，このことより，本創発デザインシステムが有効に機能したことを伺うことができる．

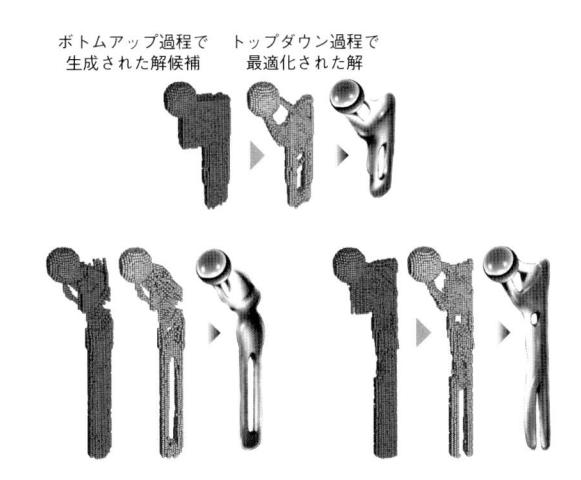

図 7.24　導出された人工股関節ステムのデザイン解の例

7.5.4　可塑性を有する宇宙探査ロボットのデザイン

　21世紀の宇宙空間は社会インフラとしてみなされ，産業化および商業化を目的とした調査や有人宇宙活動の必要性が高まっている．これに伴い，その空間で使用される人工物には過酷でしかも想定外の環境への対応が望まれる．しかしながら，従来の人工物では，このような環境への対応は困難である．なぜならば，従来の人工物はあらかじめ想定された環境をもとにデザインされていることから，想定外の環境に遭遇した場合に，的確な適応が難しいためである．

　そこで，新たな人工物の特性として，植物の有する可塑性に着目した．植物は，想定外の新たな環境に遭遇した際，自らの形状を変えることで環境に適応する．このような植物の可塑性を人工物自身に組み込むことで，想定外の環境においても，ロバスト性（頑強性）や冗長性を有する人工物をデザインしようと考えた．

　このような可塑性を有する人工物を実現するためには，人工物自身にふたつのシステムを組み込む必要がある．ひとつは，自らの形状を新たな未知環境に適合するように再設計するデザインシステムであり，もうひとつは，再設計された形状に自らを変形させる自己変形機能システムである．ここで，前者のデザインシステムには創発デザインシステムが有用と考え，それを採用することを視点とすることで，可塑性を有する新たな人工物の概念デザインを模索した．

　デザイン対象としては，21世紀の技術革新を想定し，来る宇宙社会において

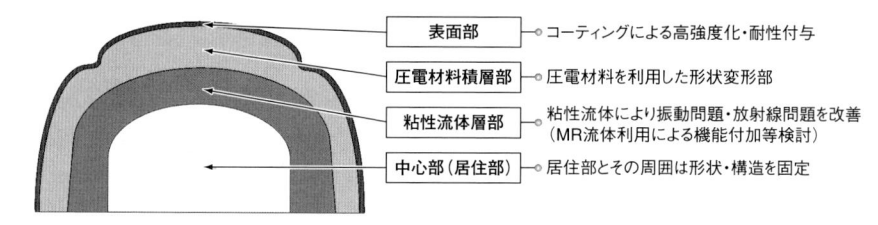

図の構成:
- 表面部 → コーティングによる高強度化・耐性付与
- 圧電材料積層部 → 圧電材料を利用した形状変形部
- 粘性流体層部 → 粘性流体により振動問題・放射線問題を改善（MR流体利用による機能付加等検討）
- 中心部（居住部）→ 居住部とその周囲は形状・構造を固定

図 7.25　可塑性を有する宇宙探査ロボットのボディ構造

活躍する居住空間を持った探査ロボットとした．また，デザイン対象が置かれる環境として，地球上を飛び立ち，宇宙空間を移動し，未知の惑星に着陸するというシナリオを想定し，デザインを進めた．その結果，本提案においてデザインする宇宙探査ロボットは，創発デザインシステムを組み込むことにより環境特性に応じて可塑性を有するボディ部と，自律分散歩行システム [24] により環境に適応した歩行の可動性を有する宇宙探査ロボットをデザイン解とした．

なお，ロボット内の居住者の安全性を確保するため，居住部周辺のボディ構造を図 7.25 のようにデザインした．しかし，この実現には，現在研究中の様々な技術のさらなる進歩が必要となる．また，環境特性に応じて変形する可塑性を持ったボディ部を実現するための技術については，圧電材料の利用を検討した．圧電材料とは，圧力印加により変形を感知するセンサとして，電圧印加により自ら変形するアクチュエータとして作用する次世代材料である．この次世代材料の持つ自己変形機能と創発デザインシステムを図 7.26 のように宇宙探査ロボットに組み込むことで，環境の変化に応じてデザインされた形状に自らを変形することが可能であると考える．たとえば，惑星の地上において，図 7.27 (a) に示すようなロボットの 6 脚のうち 1 脚が故障した場合に，5 足歩行時に適応した形状のデザインを創発デザインシステムで行い，圧電材料を用いて形状変形を行う（図 7.27 (b)）．また，ロボットのボディが損傷した場合にも，損傷部分を修復するために形状のデザインを再度行い，圧電材料を用いて修復を行う．このように重力変化や圧力変化などの環境変化への対応やスマート材料のような自己修復が可能になると考えられる．

以上に，創発デザインシステムと自己変形機能を持つ材料を人工物に組み込むことで，自らの可塑性を有する宇宙探査ロボットの概念デザインを紹介した．この概念デザインは，21 世紀に増加する未知で想定外の環境下で使用される人工物のひとつの在り方であり，創発デザインシステムの利用が期待できる．

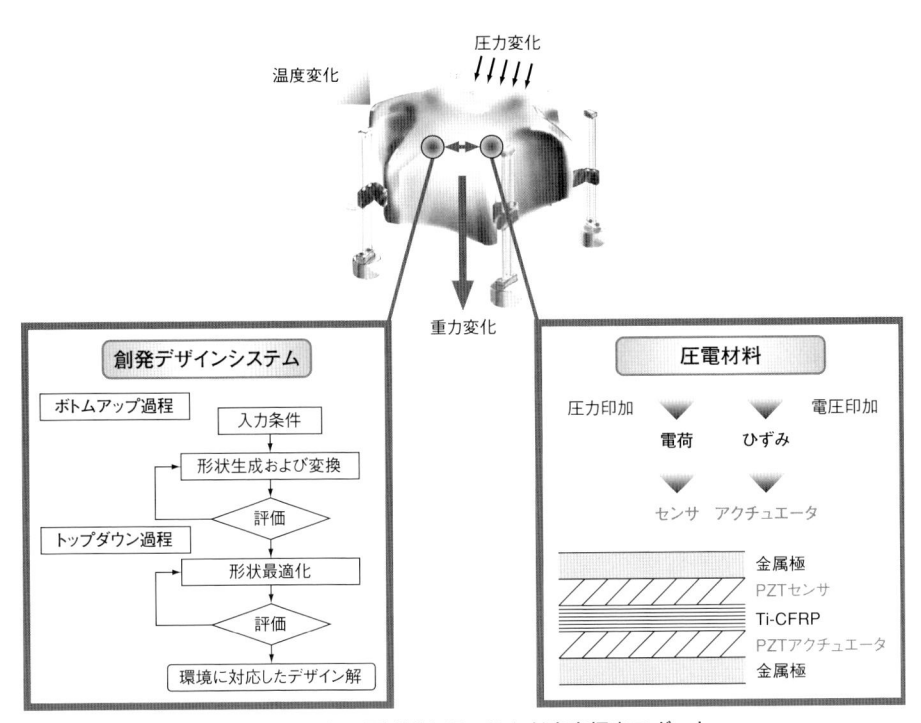

図 7.26　創発デザインシステムと圧電材料を組み込んだ宇宙探査ロボット

(a) 6足歩行時　　(b) 5足歩行時

図 7.27　宇宙探査ロボットのデザイン解の例

7.6　創発に学ぶデザイン，その展望

　本章では，生命システムにみられる創発の現象と，その概念に学ぶ創発デザインについて，ボトムアップとトップダウンという部分と全体の関係性に注目して，解説した．また，創発デザインをコンピュータシステムに応用した創発デザインシステムとその人工物デザインへの創験の事例を紹介し，創発デザインシステムの有用性について考察した．

21世紀の人工物は，ますます多様な場で使用されるといわれている．情報化社会と相俟って，人々の価値観やそれに伴う人工物の使用環境は多様化する．しかも，多くの情報が容易に入手可能な社会が，それらの価値観や人工物の使用環境の時間軸変動を助長する．そのため，これからの人工物のデザインには，多様な場や想定外の場にも対応可能であることが強く望まれる．

　また，宇宙空間を移動する有人輸送機，深海をさまよう探査機，人体の血管中を泳ぐマイクロロボットなど，21世紀には，デザイナーや設計者が自ら体験できない，未知の空間で使用される人工物が急増する．このことは，これからの人工物デザインに，想定外の場においてもロバスト性や冗長性を発揮できる新たな方法論の確立を急がせている．本章では，その対応策のひとつとして，創発デザインとそれを応用した創発デザインシステムの有効性について言及した．

　従来，新しく多様なデザイン解を生成する方法は，デザイン科学としては解明できず，その結果，デザイナーや設計者の直観や感性に基づく発想力にのみ依存してきた．しかし，ここにきて，そのような人間の創造的な行為が，生命の創発現象に学ぶことにより，少しずつ解明されてきた．今，我々は，デザイン科学のこの新たな知見をデザイン方法論にいかに組み込むか，そして，その方法論を用いることで，今後の人間社会をどのようにデザインすべきかについて考える時期にきている．

参考文献

[1] 早稲田大学ヒューマノイドプロジェクト：人間型ロボットのはなし，日刊工業新聞社，1999
[2] 北村新三：創発的昨日形成のシステム理論に向けて，計測と制御，**37**, pp.492-495, 1995
[3] 米沢富美子：『複雑さを科学する』，岩波書店，1995
[4] Perkins, D. N.： *Creativity: Beyond the Darwinian Paradigm, Dimensions of Creativity*, Chap. 5, pp.119-142, MIT Press, 1994
[5] Soufi, B. and Edmonds, E.： The Cognitive Basis of Emergence: Implications for Design Support, *Design Studies*, **17**, pp.451-463, 1996
[6] Poon, J. and Maher, M. L.： Co-evolution and Emergence in Design, *Artificial Intelligence in Engineering*, **11**, pp.319-327, 1997
[7] Peter, C.：『新しいシステムアプローチ――システム思考とシステム実践――』，オーム社，1985
[8] 室津義定他：『システム工学』，森北出版，2006
[9] Kauffman, S.： *The Search for Laws of Self-Organization and Complexity*, Oxford University Press, 1995

［10］Collins, R. J. and Jefferson, D. R.： Ant-Farm: Towards Simulated Evolution, in Langton, C. G., *Artificial Life* II (Taylor, C., Farmer, J. D. and Rasmussen, S. eds.), pp. 579-601, 1992

［11］Reynolds, C. W.： Flocks, Herds, and Schools: A Distributed Behavioral Model, in Computer Graphics, 21(4) (SIGGRAPH '87 Conference Proceedings), pp.25-34, 1987

［12］石川英輔：『江戸空間——100万都市の原景——』，評論社，1993

［13］Krugman, P.：『自己組織化の経済学』，東洋経済新報社，1997

［14］Inoue, M. and Matsuoka, Y.： Form-Generation System Imitating the Developmental Process of Organism for Obtaining Diverse Design Solutions，*Computer-Based Design*，pp.327-336，2002

［15］Inoue, M. and Matsuoka, Y.： Simulation of Developmental Process of Organism and Application to Structural Design，*Journal of Advanced Computational Intelligent Control*，**9**，pp.142-149，2005

［16］Wolfram, S.： *Theory and Application of Cellular Automata,* World Scientific, 1996

［17］Kita, E.： Structural Design Using Cellular Automata, *Struct Multidiscip Optim*, **19**, pp.64-73, 2000

［18］中沢信午：『形態形成の原理』，裳華房, 1975

［19］塩川光一郎：『発生生物学（上・中・下）』，トッパン，1991

［20］Bends_e. M.： Generating Optimal Topologies in Structural Design Using a Homogenization Method，*Computer Methods in Applied Mechanics and Engineering*, pp.197-224, 1988

［21］藤井大地・鈴木克幸・大坪英臣：最適性規準法を用いた位相最適化におけるフィルタリング法，日本建築学会構造系論文集，No.543，pp.105-112，2001

［22］石井恵三・青村茂・菊池昇：フレームベース・ユニットセルを用いた位相最適化の研究，日本機械学会論文集C，**67**，pp.499-506，2001

［23］尾田十八・坂本二郎：日本人に適した人工股関節ステムの開発研究，日本機械学会論文集A，**66**，pp.1068-1074，2000

［24］石崎隆介・中澤和夫：階層形分散システムを用いた六脚椅子形歩行ロボットによる環境適応歩容，日本機械学会論文集C，**72**，No.720，2540-2545，2006

おわりに

　本書では，生命に学ぶ「もうひとつのデザイン」に注目し，その方法論を論考しました．しかし，生命に学ぶデザイン，デザインの生命化などと聞くと，どこか危惧をいだく方も多いのではないでしょうか．デザインの方法論を生命に学び，人工物に生命システムを埋め込むことが，果たして本当に人類のためになるのか？楽観的な技術至上主義者が，また余計なことするのか，といった思想家や哲学者たちの声が聞こえてきそうです．

　実は，私も当初そうでした．2002年の秋に，私は在外研究先であるシカゴに住んでいました．そこへ，日本にいる慶應義塾大学の同僚から，吉田和夫先生を拠点リーダーとする21世紀COEプログラム「知能化から生命化へのシステムデザイン」を始めるので，仲間に入らないかとのお誘いがありました．その際，私には少々迷いがありました．生命化という言葉が気になったのです．デザインの方法を生命化させ，それによりデザインされた人工物に生命システムを埋め込むことが，本当に人間社会のためになるのだろうか？技術至上主義に偏った考えに陥ってはいないだろうか？という不安がよぎったのです．

　しかし，そのとき，私はこう考えました．生命化は，好むと好まざるとに拘わらず，いずれ現れる潮流なのではないか．21世紀において，特定の人工物デザインは，必ずその方向に進んでいくのではないだろうか．そうであれば，自らその中に入り，その進むべき道・道標を模索することで，真に在るべきデザインへと導くべきではないだろうか．そうして，このような考えから，私は，そのプログラムに参加させていただくことになりました．

　その後，COEプログラムの活動を通じて，多くの生命化に関する方法論とその在り方や道標に関する議論を重ねてきました．しかしながら，現時点において，私自身は，未だその道標を明確に確立しているとはいいがたい状況です．なぜならば，「もうひとつのデザイン」である生命化そのものが，現在胎動の段階にあり，道標の対象となる方法論の構築もこれからという状況にあるためです．そのため，今後は，生命化の方法論を構築しつつ，その構築された方法論に基づいた道標の議論を継続的に行うことが肝要であると考えます．

　生命化の方法論とその道標の議論は，まさに，科学とそれを利用するための

科学哲学の関係です．大切なことは，デザインの方法論研究とそれを人間社会に正しく生かすための倫理や哲学の議論が，常に両輪となり，実施されることではないでしょうか．そのため，今後も，それらの継続的議論を真摯に行うことで，20世紀までのデザインが置き去りにした多くの社会的問題に対して，「もうひとつのデザイン」を真に有効な方法論へと発展させることが，我々の重要な使命だと考えています．

　最後に，誠に残念なことですが，去る3月に，上述の21世紀COEプログラム拠点リーダーであり，本書の著者であります吉田和夫先生が，逝去されました．吉田先生は，制御工学，振動工学，ロボット工学の重鎮でした．「システム生命」という概念を提唱され，「生命化」とその方法論や道標の議論を先導されたのも吉田先生でした．その意味においても，本書の発刊を待たずに急逝されたことが痛惜の念に堪えません．これまで，吉田先生には大変多くのことをご教授いただき，深謝しております．ここに謹んで，ご冥福をお祈り申し上げます．

2008年5月
松岡由幸

著者紹介

編著者

松岡由幸　慶應義塾大学・教授

- 専門：デザイン科学，デザイン理論・方法論，プロダクトデザイン，設計工学，感性科学．
- 学会：日本デザイン学会（理事），日本機械学会（フェロー），日本設計工学会（評議員），ASME，IEEE，ACM，Design Research Society，Design Societyなど．
- 受賞：国際設計工学・科学会議最優秀論文賞，国際感性工学会議優秀論文賞，日本デザイン学会賞，日本機械学会部門業績賞など．
- 備考：慶應義塾大学21世紀COEプログラム「知能化から生命化へのシステムデザイン」メンバ，「デザイン塾」主宰．

第一部　創造を生命に学ぶ

河口洋一郎　東京大学・教授

- 専門：CG（コンピュータグラフィックス）アート，メディア・アート．
- 学会：日本バーチャルリアリティ学会（理事），情報文化学会（理事），日本アニメーション学会（理事），日本映像学会，デジタルメディア研究会委員長，ACM-SIGGRAPHなど．
- 受賞：第1回ロレアル賞大賞，東京テクノフォーラム；ゴールドメダル賞など．
- 備考：日本バーチャルリアリティ学会評議員．

山中俊治　慶應義塾大学・教授，リーディング・エッジ・デザイン代表

- 専門：プロダクトデザイン，インタフェース設計　人間工学，認知科学，ロボティクス．
- 学会：日本機械学会，日本デザイン学会．
- 受賞：IF product design award，グッドデザイン賞，Design Innovation Best of Best，ニューヨーク近代美術館収蔵品選定，毎日デザイン賞など．
- 備考：グッドデザイン選定審査委員．

第二部　方法論を生命に学ぶ

吉田和夫　　　慶應義塾大学・教授

専門：制御工学，振動工学，ロボティクス，システムダイナミクス，インテリジェントコントロール．
学会：日本機械学会（フェロー），日本ロボット学会（フェロー），日本建築学会，計測自動制御学会，自動車技術会，システム・制御・情報学会，自動車技術会，電気学会，日本地震工学会．
受賞：人工知能学会賞，日本機械学会機械力学・計算制御部門パイオニア賞，日本機械学会功労者表彰など．
備考：慶應義塾大学21世紀COEプログラム「知能化から生命化へのシステムデザイン」拠点リーダー．

村上周三　　　独立行政法人 建築研究所・理事長，慶應義塾大学・教授

専門：人間・建築・都市環境デザイン．
学会：日本建築学会（元会長），空気調和・衛生工学会（元会長），日本風工学会（元会長）など．
受賞：アメリカ暖房冷凍空調学会ベストペーパー賞，アメリカ暖房冷凍空調学会 ASHRAE Fellow Award, SCANVAC the John Rydberg Gold Medal, 世界風工学会 ALAN.G DAVENPORT MEDAL
備考：慶應義塾大学21世紀COEプログラム「知能化から生命化へのシステムデザイン」メンバ．国土交通省中央建築士審査会会長など．

前野隆司　　　慶應義塾大学・教授

専門：アクチュエータ，触覚センシング，ロボティクス．
学会：日本機械学会，日本ロボット学会，計測自動制御学会，IEEE，日本デザイン学会など．
受賞：日本機械学会機素潤滑設計部門業績賞，日本機械学会賞（論文），日本ロボット学会論文賞，日本バーチャルリアリティー学会論文賞など．
備考：慶應義塾大学21世紀COEプログラム「知能化から生命化へのシステムデザイン」メンバ．

門内輝行　　　京都大学・教授

専門：建築・都市記号論，デザイン方法論，建築・都市計画，人間生活環境学．
学会：日本建築学会，日本都市計画学会，日本記号学会，International Association for Semiotic Studies, Environmental Design Research Association など．
受賞：日本建築学会賞（論文）．
備考：日本建築学会理事，日本学術会議設計工学専門委員会幹事，京都市美観風致審議会委員など．

編著者	松岡由幸	© 2008
著 者	河口洋一郎・山中俊治・吉田和夫	
	村上周三・前野隆司・門内輝行	
発行者	南條光章	

もうひとつのデザイン
その方法論を生命に学ぶ
Another Type of Design

2008年6月25日 初版1刷発行

発行所　**共立出版株式会社**
郵便番号 112-8700
東京都文京区小日向4-6-19
電話 03-3947-2511（代表）
振替口座 00110-2-57035
URL http://www.kyoritsu-pub.co.jp/

組　版　クニメディア
印　刷　錦明印刷
製　本　ブロケード

検印廃止
NDC 501.83

社団法人
自然科学書協会
会員

ISBN 978-4-320-07168-1　　Printed in Japan

JCLS ＜㈱日本著作出版権管理システム委託出版物＞
本書の無断複写は著作権法上での例外を除き禁じられています．複写される場合は，そのつど事前に㈱日本著作出版権管理システム（電話03-3817-5670，FAX 03-3815-8199）の許諾を得てください．